JN123298

読むラジオ講座

ミスチルで哲学しよう

小林正嗣◉著

萌書房

はじめに

当たり前だと思っていたものが揺らいでしまったという経験はありませんか？　いつまでも平穏に続くと思っていた日常。自分だけは大丈夫だと思っていた健康。良い学校、良い仕事の先にあると思っていた幸福。確信の揺らぎは時として、人生観、世界観を揺さぶる深遠な問いを生み出します。自分が生まれた意味は何か。なぜ世界は存在するのか。誰しも一度は考えたことがあるのではないでしょうか。そして、たいていの場合、答えは見つからず、問いかけ自体も日々の生活の中で忘れ去られてしまうものです。

この難問、一緒に考えてみませんか。Mr.Childrenを聴きながら、私たちと一緒に。Mr.Children（以下、ミスチル）は、一九八九年に結成された音楽バンドです。メンバーは、桜井和寿氏、鈴木英哉氏、田原健一氏、中川敬輔氏の四名です。一九九二年のメジャーデビュー以来、四半世紀を超える音楽活動の中で、二〇枚のアルバム、二〇〇曲以上の楽曲が発表されています。そこには、生まれた意味とは？　本当の自分とは？　世界に値打ちはあるのか？　など、様々な問いかけが含まれています。これらを手がかりとして、先の難問について考えてみたいのです。

ミスチルをあまりよく知らない人も心配はいりません。ミスチルは大きな導きとなりますが、あくまで本書の主題は、自分で考え、自分の答えを探し出すことなのです。ミスチルをよく知る人には、さらなる楽しみ方があります。本書で展開されるミスチル解釈は独特なものです。賛成、反対、様々な意見を持つと思います。筆者の解釈との距離を測りながら、自分のミスチル像を作り上げることで、ますますミスチルが味わい深いものになると思います。

本書は、先生、山下アナ、桜子さんによるラジオ番組「ミスチルで哲学しよう」として展開します。そこでは先生の説明に対し、意見、感想、質問が飛び交い、自由な議論がなされます。難しい問題を考えるためには、対話を重ねていくことが大事なのです。みなさんも、リスナーとして参加し、メッセージを投げかけてください。

確かなものが揺らいでしまうのは不安なものです。すぐにでもまた確固たるものを築き上げたくなります。しかし、一度それをあきらめてみる時に、明らかに見えてくるものがあると思います。それを私たちと一緒に探しましょう。さぁ、「ミスチルで哲学しよう」が始まります。周波数を合わせ、心を傾けてください。

読むラジオ講座　ミスチルで哲学しよう＊目次

【もっと哲学しよう】

読むラジオ講座 ミスチルで哲学しよう

第一回
瞬間と永遠

ミスチルで哲学

山下　今日から始まる新番組「ミスチルで哲学しよう」。一九九二年のデビュー以来、音楽界の最前線で活躍し続けるMr.Children。親しみを込めてミスチル。彼らの楽曲を使って哲学する番組です。

桜子　ミスチル、大好きです。でも、ミスチルで哲学するなんて、考えたこともなかったです。

山下　私もです。ミスチルに限らず、もともと音楽を聴く時に、あまり歌詞を聴かないんですよ。メロディ重視で、歌詞はフンフーンって感じで。

桜子　そう、歌えてもサビくらい。それと、ズバリ聞きますけど、哲学って何ですか？　正

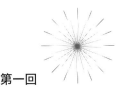

直、近寄りがたいイメージです。

山下 哲学、実は私もよく分かっていません。このままでは、何をしたらいいのかと戸惑ってしまいます。哲学とは何か、今日はこれをはっきりさせましょう。

桜子 ミスチルは多くの楽曲を発表しています。全曲を聴くには時間が足りません。どうしましょう。メドレーで聴きますか？

山下 この番組のために、先生が八曲を厳選したそうです。一回一曲、八回にわたって、ミスチルの楽曲を手がかりに哲学していきます。

桜子 八曲ですか。私の好きなあの曲は入っているかなぁ。みなさんも、どんな曲が入ってくるか、予想してみたら楽しそうですね。記念すべき第一回を飾る曲は何ですか？

山下 今回の曲は、「HANABI」です。二〇〇八年の三三枚目のシングル曲です。同年のアルバム『SUPERMARKET FANTASY』に収録されています。

桜子 わぁ、いきなり大好きな曲が来ました！

山下 この曲は、ロングランとなっているドラマの主題歌ですので、多くの方が知っているのではないでしょうか。では、聴いてください。「HANABI」。

HANABI

どれくらいの値打ちがあるだろう?
僕が今生きているこの世界に
すべてが無意味だって思える
ちょっと疲れてんのかなぁ

手に入れたものと引き換えにして
切り捨てたいくつもの輝き
いちいち憂いていれるほど
平和な世の中じゃないし

一体どんな理想を描いたらいい?
どんな希望を抱き進んだらいい?
答えようもないその問いかけは
日常に葬られてく

君がいたらなんていうかなぁ
「暗い」と茶化して笑うのかなぁ
その柔らかな笑顔に触れて
僕の憂鬱が吹き飛んだらいいのに

決して捕まえることの出来ない
花火のような光だとしたって
もう一回もう一回
もう一回もう一回
僕はこの手を伸ばしたい
誰も皆　悲しみを抱いてる
だけど素敵な明日を願っている
臆病風に吹かれて
波風がたった世界を
どれだけ愛することができるだろう?

考えすぎで言葉に詰まる
自分の不器用さが嫌い
でも妙に器用に立ち振舞う自分は
それ以上に嫌い

笑っていても
泣いて過ごしても平等に時は流れる
未来が僕らを呼んでる
その声は今君にも聞こえていますか?

さよならが迎えに来ることを
最初からわかっていたとしたって
もう一回もう一回
もう一回もう一回
何度でも君に逢いたい
めぐり逢えたことでこんなに
世界が美しく見えるなんて
想像さえもしていない
単純だって笑うかい?
君に心からありがとうを言うよ

滞らないように　揺れて流れて
透き通ってく水のような　心であれたら

逢いたくなったときの分まで
寂しくなったときの分まで
もう一回もう一回
もう一回もう一回
君を強く焼き付けたい
誰も皆　問題を抱えている
だけど素敵な明日を願っている
臆病風に吹かれて
波風がたった世界を
どれだけ愛することができるだろう?
もう一回もう一回
もう一回もう一回

JASRAC　出　2101789-101

𝄞 聴き方の多様性

桜子　キュンキュンします。逢いたくなったときの分まで、寂しくなったときの分まで逢いたいだなんて。

山下　逢いたいと言われているのは桜子さん自身なのですね。こんなにキュンキュンしていて、大丈夫なのでしょうか。少し不安ではありますが、それでは先生をお呼びしましょう。

桜子　先生、初めまして。私、こんな生徒ですが、哲学できますか？

先生　はい、大丈夫ですよ……きっと。とりあえず哲学のことは置いておきましょう。まず、「HANA-BI」の印象を聞いてみます。どんな曲でしたか？

桜子　「HANABI」は甘いラブソングです。私のことを何度でも逢いたいと言ってくれていますので。

山下　私は、考えすぎで言葉に詰まる自分の不器用さが嫌いというところに、ハッとさせられました。その後に、妙に器用に立ち振舞う自分はもっと嫌いというところが、なかなかうまくいかなくて、それでも一生懸命頑張っている自分を応援してくれているように感じます。

桜子　あれ、私にとってはラブソングなのに、山下さんにとっては応援ソングなんだ。先生、どちらが本当の「HANABI」なんですか？

先生　どちらが本当ということはありません。聴く人によっていろいろな意味を持って聴こえるということがミスチルの楽曲の魅力だと思います。桜子さんにはラブソング。山下アナには応援ソング。そして私には哲学ソングに聴こえるということです。

山下 どうすれば哲学的に聴こえてくるのですか？　解説をお願いします。

先生 「HANABI」がラブソングに聴こえるか、応援ソングか、はたまた哲学ソングか。それを確かめる、とっておきの箇所があります。ここを聴いてください。

君がいたらなんていうかなぁ
「暗い」と茶化して笑うのかなぁ
その柔らかな笑顔に触れて
僕の憂鬱が吹き飛んだらいいのに

桜子 ここも、キュンってする。私の笑顔で、彼の憂鬱が吹っ飛ぶんですよ。そんな風に笑顔をほめてほしい！

山下 ……。

桜子 あれ、山下さん、どうしました？　私の笑顔では、物足りませんか？

山下 少し気になることがあります。君はきっと柔らかな笑顔を見せてくれるでしょう。でも、笑顔を見せてくれても僕の憂鬱は吹き飛ばない、と歌っていると思うのですが。

先生　そうなのです。桜子さんは、君の柔らかな笑顔に触れれば僕の憂鬱は吹き飛ぶけど、君がいないから僕の憂鬱は吹き飛ばない、と理解しています。それに対して山下アナは、君がいたらきっと柔らかな笑顔を見せてくれるだろうけど、その笑顔に触れても僕の憂鬱は吹き飛ばない、と理解しています。

桜子　あ、ホントだ、そうとも考えられる！　先生、どちらが正しいんですか？　……あ、またやっちゃった。どちらが正しいというわけではないんでしたっけ。

先生　そうです。どう受け取るかは、聴く側によるのです。わずか四行のフレーズでも、二通りに聴こえています。このような部分の聴き方の多様性が、曲全体としての多様なイメージにつながっていきます。桜子さんにはラブソングで、山下アナには応援ソング。実は、山下アナの聴き方には、哲学的聴き方が含まれているのだと思います。

山下　私の聴き方が哲学的？　自覚がないのですが、どういうことでしょうか？

先生　僕には、答えようもない問いかけが襲いかかってきます。日常に葬り去っても、次から次へと。それが憂鬱となって重くのしかかっています。

山下　そう、僕の憂鬱はとても重いから、君の笑顔でも、吹き飛ばないと思ったのです。

先生　そして僕は、この憂鬱に向かい合おうとします。この態度が哲学的なのです。

哲学とは何か

先生　先ほど聴いてもらったところからつなげていきます。柔らかな笑顔に触れても吹き飛ばないくらいの僕の憂鬱とは何なのか。考えてみましょう。

桜子　ちょっと分かったかも。この僕って、最初からかなり悩んでいませんか？　出だしの部分です。

どれくらいの値打ちがあるだろう？
僕が今生きているこの世界に
すべてが無意味だって思える
ちょっと疲れてんのかなぁ

桜子　ほら、かなり悩んでる。この世界のすべてが無意味だって。

先生　そうなのです。この僕は、なぜ世界が存在するのか、世界が存在するとはどういうことなのか、世界が存在することに意味はあるのか、と悩んでしまっています。

桜子　なんか深刻！　確かにこれでは、笑顔に触れても吹き飛びそうにないです。

先生　そうですね。こういう答えようのない問いを、この僕は考え続けようとしています。

桜子　なるほど。そういうことかぁ。私、哲学とは何かが分かったかもしれない。ズバリ、哲学とは難しい問題を考えることである。どうでしょう、先生？

先生　良いと思います。哲学はフィロソフィーといって、「知を愛する」という意味になります。もちろん、知識を詰め込んでいくことではありません。知とは、考えるという知的営みのことです。「難しい問題だよね」の一言で片づけるのではなく、考え続ける。そんな知的営みを愛することが哲学です。

山下　難しい問題。例えば、世界に値打ちはあるのか、世界に意味はあるのか、ですね。

先生　はい。なぜ世界は存在するのか、存在論という哲学の分野です。他にも、真理、善、美、時間など、哲学の対象は様々です。

山下　いずれも、すぐには答えが見つからず、向き合うことはとても大変そうです。

先生　それでも考えることをやめない。この態度こそが知を愛するということ、すなわち哲学です。

𝄞 哲学は驚きから始まる

桜子　私も哲学してみたい！　頑張って考えます。でも、どうやって考えれば良いのでしょうか。手がかりが欲しいです。

先生　古代ギリシャの哲学者プラトンの考えを糸口にしたいと思います。西洋哲学の源流に位置する、偉大な哲学者です。

桜子　古代っていつ頃ですか？　恐竜がいた頃ですか？

山下　……。桜子さん、プテラノドンと間違えていませんか？　恐竜がいたら、人は生きていけないでしょう。でも、桜子さんなら……いや、ちょっと無理ですよね。

先生　プラトンが活躍したのは、紀元前四〇〇年頃ですので、今から二四〇〇年くらい前です。卑弥呼が西暦二〇〇年頃ですから、そこから六〇〇年も前です。

桜子　そんな昔の人の言葉が残っているんですね。なんか、すごいな。それで、プラトンはどう考えたんですか？

先生　はい。プラトンは、哲学は驚きから始まる、と考えました。世界に対する驚きです。世界の不思議に驚くことはありませんか？*

桜子　あります！　他の誰かが死んでも世界はなくならないけど、この私が死んでしまったら世界はどうなっちゃうのか、って考えると不思議だし、ちょっと怖い。だから逆に、今、世界や自分があることが、驚きでもあって。私だけかな、こんなこと思うの。

先生　よく分かります。自分だけが特別であることが不思議なんですよね。そのように世界に対して不

---

*　プラトン『テアイトス　プラトン全集二巻』田中美知太郎訳、岩波書店、二〇〇五年。

思議に思うこと、驚くことが哲学を始めるきっかけになるのです。

山下　それでは、驚きを探せば良いのですね？　驚いた、という言葉を使ってはいませんが、ここはどうでしょう。

めぐり逢えたことでこんなに
世界が美しく見えるなんて
想像さえもしていない
単純だって笑うかい？

桜子　世界が美しく見えるなんて……世界の美しさに驚いているのですか？

先生　はい。ここに驚きがあります。僕は世界の値打ち、意味が分からなくなっていました。そんな僕の前に想像を遥かに超える美しい世界が現れてきたことに対して驚いているのです。

山下　なるほど。この瞬間に僕は、世界が存在することの意味を何かしらつかんでいる可能性があるのですね。

桜子　直前を聴いてみると、君にめぐり逢えたことで世界が美しく見えたようです。君って誰でしょう。

山下　ラブソングとして聴くなら、この君は、柔らかな笑顔の君なのですね。ところが、哲学的に聴くと、そうはいかなくなる。

先生 その通りです。暗いと茶化して笑うような日常的な君ではなく、僕にとって特別な意味を持つ君なのです。

桜子 特別な君。気になります。

先生 今日は導入なので、特別な君については今後の検討課題としましょう。ミスチルの楽曲には世界の存在の意味を問う哲学がある。それを、なぜ美しい世界が現れてきたかを考えることによって明らかにしていく。このことを覚えておいてください。

膨張宇宙論

桜子 私、心がざわざわしてきました。哲学して、世界が存在することに意味はないって答えが出ちゃったら、どうしよう。

山下 実際、そうなのでは。一三八億年前のビッグバンで宇宙は誕生し、そして、ただ存在しているだけです。そこに意味なんてありません。

桜子 じゃあ、なんでビッグバンは起こったんですか？　起きる前は何だったんですか？　意味がないなんて、おかしいです。

先生 桜子さん、だいぶ動揺していますね。この最後の部分を聴いてみてください。

誰も皆　問題を抱えている
だけど素敵な明日を願っている
臆病風に吹かれて
波風がたった世界を
どれだけ愛することができるだろう？
もう一回もう一回
もう一回もう一回

山下　臆病風に吹かれて波風がたった世界とは、ビクビクして接することで、波風がたってしまった人間関係ということでしょうか。

先生　なるほど。世界を人間関係と考えたのですね。私は、世界にどんな値打ちがあるだろうと不安になって問いかけることで、今まで当たり前に存在していた世界の確かさが揺らいできた、と考えました。

桜子　それ！　まさに今の私の心境です。

先生　どれだけ愛することができるだろうという問いかけは、存在の意味が揺らいでも世界を愛していこうというポジティブなメッセージだと思います。

桜子　もう一回、もう一回ですね。分かりました。やっぱり私、哲学します。

創造神話

山下　世界が存在することの意味は、創造神話によって語られることがあります。宗教と哲学には、どんな関係があるのでしょうか。

桜子　神様はいると思います。何もないところからビッグバンを起こせるなんて神様しかいません。

先生　では、「地を這うそば妖怪」がこの宇宙を創り上げ、世界のすべてを支配しているというのはどうでしょう。

桜子　そばって、おそば？　そんなヘンテコな神様は信じられないからダメです。だいたい私、そばアレルギーなんです。

先生　そこがポイントです。宗教が森羅万象の根本原理をどれだけ説得的に語ったとしても、信仰を共にできない人々には、まったく受け入れられないのです。

山下　なるほど。神話に頼らず、万人が受け入れられる土台の上で宇宙や世界の根本を究明するのが哲学なのですね。

先生　もちろん、宗教には固有の意義があります。宗教で救われる人々はたくさんいます。しかし、神話やお伽話から離れて、万物の根源を探究する自然哲学が出てくるのです。

桜子　二四〇〇年くらい前でしたっけ。どんな風に考えたんですか？

先生　プラトンよりさらに二〇〇年くらいさかのぼる二六〇〇年前、自然哲学の祖とされるタレスは、万物の根源は水であると考えました。他にも万物を秩序づけるものは数だと主張したピタゴラスや、万物の根源は原子であると考えたデモクリトスなど、様々です。*

桜子　ピタゴラスは数学で習いました。そんなに昔の人だったんですね。原子と考えたデモクリトスは、ほとんど正解！

先生　ヘラクレイトスは、万物の根源を火と考え、あらゆるものは生成と消滅を繰り返し変化していくと考えました。万物は流転する、という考え方です。**

桜子　確かに火って不思議だなって思ってました。なんでも燃やし尽くして、しかも光と熱を生み出していく。万物は流転する、ですね。覚えました。

先生　生成と消滅。死と再生。矛盾し合ったものが同時に進行することで、万物は変化する。これがヘラクレイトスの考え方です。

山下　火は宗教でも神聖視されますし、興味深いですね。ところで、確か、シングル曲「ニシエヒガシエ」には、天使と悪魔が出てきたと記憶しています。ミスチルの楽曲には、宗教について歌うものも多いのですか。

先生　明示的であれ暗示的であれ、宗教や神様について歌う楽曲は結構あります。これは、ミスチルが、宇宙、世界、人間の本質に迫ろうとする宗教や哲学と、テーマを共有していることを示していると思います。

音楽と哲学

山下 厳しい質問をします。番組を始めるにあたり確認しておきたいことです。

桜子 山下さん、なんだか怖い。

山下 先生はミスチルの楽曲を哲学的だというのですが、当のミスチルはそのように哲学的に聴かれることをどう思うのでしょうか？ そもそも哲学的なことを考えて曲を作っているのでしょうか？

先生 確かにそのような疑問は浮かんできますよね。私の考えを話しておきます。まず第一の質問、哲学的に聴かれることをミスチルはどう思うのかについて。ミスチルは、自らの楽曲が様々に聴かれることを歓迎してくれると思います。

山下 今日、「HANABI」をラブソング、応援ソング、そして哲学ソングとして聴きました。本当に喜んでもらえますか？

＊ ディオゲネス・ラエルティオス『ギリシア哲学者列伝』加来彰俊訳、岩波文庫（上・中・下）、一九八四年・一九八九年・一九九四年。

＊＊ プラトン『クラテュロス プラトン全集二巻』水地宗明訳、岩波書店、二〇〇五年。

先生　そう願っています。かつてミスチルはインタビューの中で、楽曲作りについてこう話しています。曲を作るのは夜空に星々を配置するようなものであり、それらをどうつなげてどういう絵を描き出すかは受け取る側の自由である、と*。

山下　なるほど。もともとミスチルは様々に聴こえるように曲を作ることを心がけているということですか。

先生　はい。したがって、哲学的に聴こえるのなら、それもまた良しなのだと思います。ただし、ここで気をつけたいことは、哲学的に聴くことが正しいわけでもないし、他の聴き方が間違っているわけでもないということです。

桜子　じゃあ、キュンキュンしながら聴くのも間違ってないんですね。

先生　もちろんです。哲学的にも聴けるということで、ミスチルをさらに豊かに味わいたいと考えているのです。

山下　よく分かりました。続いて二つ目の質問はいかがでしょう。

先生　ミスチルは哲学的なことを考えて曲を作っているのか、ですね。あるライブの中でミスチルは、自分は哲学家でも宗教家でもないけれど断りを入れて、愛について自分の考えを話したことがあります**。

山下　なるほど。自分では哲学しているとは考えていないのですね。

先生　はい。とはいえ、愛とは何かという問題について、反対概念を考えたり、先人の考えを参照したりしながら考察している姿は、私には哲学しているように見えました。その意味でミスチルは哲学しながら曲を作っていると考えられます。

山下　それでも、ミスチル本人は、自らを哲学者だとは考えないのですよね。それはなぜなのでしょうか？

先生　その理由を、自身が対談で語ったことをもとに、考えてみたいと思います。*** 結論を先に述べると、難問に向かう時のアプローチの仕方が異なるのだと思います。

山下　アプローチの仕方が違う？　どういうことでしょう。

先生　ミスチルは、多くの場合、詩よりも先に曲が生まれてくるそうです。その曲に適当なラララを当てはめて歌うことで、その曲がもともと持つ優しさや怒りなどのイメージを、音の方からもらうのだそうです。

山下　言葉で考えるよりも前に、音からイメージを受け取るのですね。

先生　まず、無意識が作り出すものを大事にしたいという思いがあるそうです。その後に、それを言葉

---

*　「僕らの音楽　桜井和寿×伊集院光」フジテレビ、二〇〇八年一二月一二日放映。

**　「Mr.Children Stadium Tour 2015 未完」にて。

***　「佐野元春のザ・ソングライターズ」ＮＨＫ、二〇一〇年七月三日、七月一〇日放映。

で整理していく中で、新たな真実を発見できた時が嬉しい瞬間なのだそうです。

山下　なるほど。言葉の前に音があるということが、アプローチが異なるという意味なのですね。

先生　はい。その上で私は、アプローチこそ異なれど、難問に向き合い、新たな答えを模索していく点が、哲学的であると考えるのです。

𝄞 詩作と思索

桜子　私からも質問です。なぜ先生はミスチルを哲学的に聴こうと思ったんですか？

先生　実は、きっかけがあります。ドイツの哲学者マルティン・ハイデガー（一八八九－一九七六）の言葉です。彼は、敬愛する詩人ヘルダーリン（一七七〇－一八四三）について、「自分の詩作に対して思索による理解を要求する詩人があるとすれば、それはまさにヘルダーリンである」と述べています。*

山下　詩を詠むという意味の詩作と、考えるという意味の思索ですね。

桜子　詩作と思索で重なっている！　ハイデガー、すごいですね！

山下　……。桜子さん、ハイデガーはドイツ人ですよ。

桜子　あ、確かに……。

先生　ヘルダーリンの詩作は独特なもので、それを理解するには、哲学的な思索が必要だとハイデガーは言っています。同じようにミスチルを哲学的に聴くと、新しい面が見えてくると思ったのです。

山下　論理的に考える哲学者が、リズムや調子を大事にする詩に興味を示すというのは面白いですね。日本でも詩吟は独特な節回しがあって、まるで音楽ですよね。

先生　ハイデガーは、まず、ヘルダーリンの詩が音楽のように感性に訴えてくることに感動したのでしょう。そして、自身が論理的に考えている哲学的難問に、ヘルダーリンもまた感性的に挑んでいることに気づいたのだと思います。

山下　ハイデガーが取り組んだ哲学的難問とはどんなものだったのですか?

先生　ハイデガーの哲学は存在論です。「存在する」とは何を意味しているのか。存在の意味を問うのです。「HANABI」で確認した、なぜ世界は存在するのかという問いとも重なります。この「ミスチルで哲学しよう」という企画は、ハイデガー哲学を基礎に置いています。

桜子　ミスチルと一緒にハイデガーの哲学も学べたら、面白そうですね。

タイトルの意味

先生　最後に、私からもひとつ。この曲のタイトルは、なぜ「花火」でなく「HANABI」なのでしょうか。この曲に出て来るのは花火そのものではなく、「花火のような光」ですね。

＊　マルティン・ハイデッガー『ヘルダーリンの讃歌「ゲルマーニエン」と「ライン」　ハイデッガー全集三九巻』木下康光、ハインリヒ・トレチアック訳、創文社、一九八六年。

山下　そうすると、実際の花火ではなく、何か象徴的なものとして考えた方が良いかもしれませんね。世界の美しさを「HANABI」にたとえているというのはどうでしょうか。

桜子　象徴かぁ。世界の美しさに驚いた心を表しているのかな。先生はどう考えますか？

先生　私もお二人と同じく世界の美しさが関係していると思います。世界が美しく現れるのは、世界が存在する意味を取り戻した時であって、その意味を「HANABI」でたとえているのだと思います。世界に意味を与えるものは、永遠的なものではなく、瞬間的に現れては消えていく花火の光のように儚いものだと考えています。

山下　三者三様で、なかなか面白いですね。

先生　「HANABI」とは何なのか。この番組が最終回を迎えた時に振り返ったら、新たな考えが出てくるかもしれませんね。それでは今日は、ここまでにしましょう。

今日のまとめ

山下　今日は、今まで考えたことのない話が多く、なかなか刺激的でしたね。

桜子　ひとつの曲がいろんな風に聴こえることが驚きでした。聴く人の状況を映し出す鏡みたいだなって思いました。

山下　それでは、今日の内容をまとめましょう。ミスチルで哲学するとはどういうことでしたか？

桜子　はい、ミスチルの楽曲を使って、難しい問題を考えるということです。

山下　知を愛する、つまり考えるという知的営みを愛することが哲学したね。では、難しい問題とはどんな問題でしたか？

桜子　なぜ世界は存在するのか、世界が存在する意味とは何か、です。

山下　確かに難問です。世界が美しく見えたというところに、答えの手がかりがあるとのことでした。どんな風に考えていくのか、楽しみです。

桜子　それでは最後にもう一度。今回の話を踏まえると、いつもとは違った感じで聴こえてくるかもしれませんね。聴いてください。「HANABI」。

【もっと哲学しよう①　存在の謎】

第一回では、なぜ世界は存在するのか、世界が存在する意味は何か、という問いが出てきました。ここでは、「ある」ということの不思議、存在の謎についてもっと哲学してみましょう。

ドイツのゴットフリート・ライプニッツ（一六四六－一七一六）は、存在の謎を、「なぜ何もないのではなく、むしろ何かがあるのか?」という問いとして定式化しました。つまり、世界は、自分は、万物は、なぜ「ない」のではなく、むしろ「ある」のか、という問題です。

この問いに対しては、様々な考え方があります。例えば、神様のような超越的な造物主が創造したから万物は存在する、と答えることができます。あるいは、約一三八億年前にビッグバンが起こったから万物は存在する、と答えることもできます。しかし、これらの答えは、最終的な解答とはなりません。なぜ造物主が存在するのか、なぜビッグバンが存在したのか、というさらなる問いが生じてしまうからです。

哲学もまた、最終的な解答を出しているわけではありません。存在の根拠を神とした上で神の存在を証明しようとしたり、この問いが問いとして成立していないと主張したり、そもそも「ある」ということが何を意味するのかを考えようとしたり、と様々です。

このような状況ですから、正解を出さなければと気負う必要はありません。なぜ世界は、自分は、万物は存在するのか。ぜひ、本書を通じて、考えてみてください。

第二回

中心と周辺

世界の中心にあるもの

山下　今日は第二回「ミスチルで哲学しよう」です。前回は「HANABI」をとりあげました。いかがでしたか、桜子さん？

桜子　なかなか刺激的でした。「HANABI」の聴き方が人によって違うなんて。私の周りにも、応援ソング派が結構いました。別れ歌として聴いている人もいて。キュンキュンしている場合じゃないですね。

山下　キュンキュンするのもいいんですよ。ただ、「HANABI」には違った側面もあるということでした。

桜子　そうでしたね。聴き方はいろいろあって、ここでは哲学的に聴くんですよね。哲学もそれほど近寄りがたいものではなくて安心しました。哲学的問い、なぜ世界は存在するのか？　について考えるんでしたよね。

山下　はい。まだ、ほんの入り口。ここから考えていくことが大変なのでしょうが、頑張って哲学しましょう。

桜子　「HANABI」の僕は、世界にどれくらいの値打ちがあるのかという疑念が生じて、すべてが無意味だと思えてしまっていました。

山下　そんな僕の前に、驚くほど美しい世界が現れてきました。

桜子　その美しさに答えの手がかりがあるんですよね。世界が存在する意味、考えようじゃありませんか！　山下さん、今日の曲は何ですか？

山下　今日とりあげる曲は、「CENTER OF UNIVERSE」です。二〇〇〇年に発表されたアルバム『Q』に収録されている曲です。

桜子　これは、シブい選曲。シングル曲ではないので、今回初めて聴くという人も多いのではないでしょうか。

山下　宇宙、世界の中心とは何か。そこに何があるのか。気になってきます。それでは、聴いてください。「CENTER OF UNIVERSE」。

CENTER OF UNIVERSE

今僕を取りまいてる
世界はこれでいて素晴らしい
プラス思考が裏目に出ちゃったら
歌でも唄って気晴らし

バブル期の追い風は何処へやら
日に日に皺《しわ》の数が増えても
悩んだ末に出た答えなら
15点だとしても正しい

どんな不幸からも　喜びを拾い上げ
笑って暮らす才能を誰もが持ってる

イライラして過ごしてんなら愛を補充
君へと向かう恋の炎《ひ》が燃ゆる
当り散らしは言わずもがなのタブー
総《すべ》てはそう　僕の捕らえ方次第だ

誰かが予想しとくべきだった展開
ほら一気に加速してゆく
ステレオタイプ　ただ僕ら
新しい物に飲み込まれてゆく
一切合切捨て去ったらどうだい？
裸の自分で挑んでく
ヒューマンライフ　より良い暮らし
そこにはきっとあるような気もする
皆　憂いを胸に　永い孤独の果てに
安らぎのパーキングエリアを捜してる

クタクタんなって走った後も愛を補充
君へと向かう恋の炎《ひ》が燃ゆる
隣の家のレトリバーにも
『ハイ　ボンジュール！』
あぁ世界は薔薇《ばら》色
総ては捕らえ方次第だ
ここは　そう　CENTER OF　UNIVERSE

自由競争こそ資本主義社会
いつだって金がものを言う
ブランド志向　学歴社会
離婚問題　芸能界
でも本当に価値ある物とは一体何だ？
国家　宗教　自由　それとも愛
一日中悩んだよ
でも結局それって理屈じゃない

イライラして過ごしてんなら愛を補充
君へと向かう恋の炎《ひ》が燃ゆる
向かいの家の柴犬にも
『ハイ　ボンジュール！』
あぁ世界は薔薇色
ここは　そう　CENTER OF　UNIVERSE
僕こそが中心です
あぁ世界は素晴らしい

JASRAC　出　2101789-101

美しい世界の根源

桜子 歌い出しはゆっくりなのに、急にテンポが上がりますね。焦ってしまって、ついていけなくなりそう。

山下 さぁ、この曲で、どう哲学していくのか。先生をお呼びしましょう。

先生 はい、今日もミスチルで哲学していきましょう。

桜子 先生、さっそく先週の答えを考えましょう。なぜ世界は存在するのか？　世界が存在することの意味は何か？

先生 哲学する準備は万全ですね。実は、今日のテーマは、その一歩手前です。つまり、どうすれば世界が美しく現れてくるのか、です。

山下 世界の美しさの中に、世界が存在する意味がある。その前提として、美しい世界が現れるきっかけを考えるのですね。

先生 その通りです。最初に一つお断りがあります。この曲の中では、世界は素晴らしいと歌われています。今回は、素晴らしいと美しいを同義語として考えます。それでは、どうすれば素晴らしい世界が現れてくるのでしょうか？

桜子 うーん。難しいなぁ。えっと、最後の部分はどうでしょうか。ここです。

あぁ世界は薔薇色
ここは　そう　CENTER OF UNIVERSE
僕こそが中心です
あぁ世界は素晴らしい

桜子　最後に世界は素晴らしいと歌っています。その直前にある、僕こそが中心です、でどうでしょう？　世界の中心に自分を置くということです。

先生　良いと思います。世界は薔薇色と世界は素晴らしいに挟まれていますね。他にもあると思うのですが、どうでしょうか？

山下　ここはどうですか。同じく、世界は薔薇色に続く部分です。

あぁ世界は薔薇《ばら》色
総ては捕らえ方次第だ
ここは　そう　CENTER OF UNIVERSE

山下　総ては僕の捕らえ方次第だ、です。

先生　はい、それも良いと思います。総ては捕らえ方次第だということは、二度歌われていますね。

山下　桜子さんの言う「僕こそが中心だ」と、私の言う「総ては捕らえ方次第だ」は、同じことを言っていると考えて良いのでしょうか？

先生　そうだと思います。世界を受け取る時に自分を中心に置き、自分なりの捕らえ方で受け取るということです。その時、薔薇色の素晴らしい世界が現れてくるのです。

押韻の意味

桜子　ところで先生、最初のところでも世界は素晴らしいと歌っていますけど、ここはどうなんでしょうか？

今僕を取りまいてる
世界はこれでいて素晴らしい
プラス思考が裏目に出ちゃったら
歌でも唄って気晴らし

桜子　このプラス思考というのも答えになりますか？　ポジティブで前向きな考え方です。

先生　難しいところですが、プラス思考というのは、違うのではないかと思っています。これでいて素晴らしいと歌っていることが気になるのです。少し含みのある言い方です。

山下　ここでは、素晴らしいと気晴らしが韻を踏んでいますよね。

先生　はい、それも気になります。結局、プラス思考で感じられる素晴らしさは、気晴らしにすぎないということのように思えてきませんか？

山下　確かに。ここでの押韻は、響きの調和だけでなく、同じメロディに乗せていることで、より強いメッセージを感じられます。

先生　ミスチルの楽曲には、押韻が多く見られます。思いがけない言葉で韻を踏むことで、両者の関係性に気づかされることもよくあります。

山下　プラス思考を答えに入れない理由は、分かりました。あくまで世界に対して自分を中心に置き、自分の捕らえ方で世界を受け取る時、世界は素晴らしく現れてくるのですね。

桜子　私、いつもそうやって生きていますよ！

山下　それは、ただの自己中……。

桜子　ん？　山下さん、何か言いました？

𝄞 世界が素晴らしさを失う時

先生 ここまで、どうすれば世界が素晴らしく現れるかについて考えてきました。今度は、世界が素晴らしさを失ってしまうのはなぜか、考えてみましょう。

桜子 さっきの逆、自分の捕らえ方で世界を受け取っていないからかなぁ。

先生 その通りです。この曲の中では、どう表現されていますか？

桜子 あまり自信がないけど、このテンポが早くなるところ？

誰かが予想しとくべきだった展開
ほら一気に加速してゆく
ステレオタイプ　ただ僕ら
新しい物に飲み込まれてゆく

桜子 ここのステレオタイプです。みんなが同じ見方をする。ワンパターンな見方。

先生 そう、ステレオタイプは注目したい言葉です。

山下 ここは、その具体例でしょうか。

自由競争こそ資本主義社会
いつだって金がものを言う
ブランド志向　学歴社会
離婚問題　芸能界

山下　まず、ブランド志向。みんなが揃って同じブランド品を持とうとする。そして学歴社会。良い高校、良い大学、良い会社に入ることが幸せな人生を作り出す、と誰もが考えている社会。
桜子　離婚問題、芸能界。これは、芸能人の離婚問題の扱われ方がワンパターンということかなぁ。
先生　そうでしょうね。ここで挙げられているものは、ステレオタイプの例示だと考えられます。

本当に価値ある物とは

先生　次に、ミスチル自身が歌の中で投げかけている疑問について考えてみましょう。

でも本当に価値ある物とは一体何だ?
国家　宗教　自由　それとも愛
一日中悩んだよ

でも結局それって理屈じゃない

山下　でも本当に価値ある物とは一体何だ？　先ほど見た部分が関係してきますよね。自由競争の資本主義社会では、いつだって金がものを言う。でも、ってことですね。

先生　そうですね。お金こそが価値ある物のように思えるけど、でも本当に価値ある物は何？　と尋ねているわけです。

桜子　国家、宗教、自由、愛の四択。愛かなぁ。家族のことが最初に浮かんできたので。

山下　そもそも四択の中に答えはあるのでしょうか。問いかけの後、でも結局それって理屈じゃない、と歌っていますよ。

先生　理屈は良い意味でも悪い意味でも使いますよね。

山下　悪い意味だと、理屈っぽいというように使う場合です。無理やりなこじつけという意味です。良い意味だと、筋が通っている、論理的でもっともであるという意味です。どちらの意味で使っているのでしょう？

先生　どちらの意味でも、それほど変わらない気がします。筋を通してであれ、こじつけであれ、本当に価値ある物を一つに定めることを疑問視しているのだと思います。固定化はステレオタイプになるからです。

山下　そうですか……みんなが愛に価値を置いたら良い世界になると思います。それが悪いこととは思えませんが……。

テンポの意味

山下　この曲の特徴として、テンポが目まぐるしく変化することが挙げられると思います。ここに何か意味があるのではないでしょうか。

桜子　それ、私も感じました。ゆっくり始まり、だんだんスピードが上がり、サビはかなりのハイテンポ。社会の変化を表していると思います。

先生　面白いですね。最初に曲を流した時、ついていけないと焦っていましたよね。追いつけないほどの社会の変化とは、どのようなものでしょうか。

桜子　バブルですか。株価や地価がどんどん上がったと思ったら、一気に暴落して不景気になったんですよね。ついていけない人も多かったと思います。

山下　私は、社会の変化ではなく、むしろ固定化が急速に進んでいるのだと思いました。先ほど聴いたように、誰かが予想しておくべきだったステレオタイプという展開が一気に加速していくと歌っていますので。ついていけないというよりは、逃れられない激流です。

桜子　あ、確かに。でも次は、それに立ち向かっていく感じじゃないですか。ステレオタイプの衣を脱ぎ去って裸で挑む。流れに逆らうんです。

一切合切捨て去ったらどうだい？
裸の自分で挑んでく
ヒューマンライフ　より良い暮らし
そこにはきっとあるような気もする

山下　なるほど。そう考えると、もう一度ハイテンポになる箇所も同じ構図ですね。前半で、ブランド志向や学歴社会のようにステレオタイプを具体的に示し、後半で、本当に価値ある物とは一体何だと疑問をぶつけて行く形です。

桜子　先生、私たち、ミスチルの意図に迫っているんじゃないですか？

先生　実は、この曲のテンポは、ダーツの得点で決めたと言われています。偶然の産物なのです。

桜子　え？　意図的じゃないの？　あ、でも、メロディが浮かび、テンポが決まり、それから詩を書いている可能性はありますよね。きっとそうだと思う。

山下　私もそう願います。曲調からイメージを膨らませて詩を分析する。まさに音楽で哲学をする面白さを感じられましたので。

先生　難解な書を読むことだけが哲学ではない。感性を通して与えられるイメージから始まる哲学もあるのです。これこそ、ミスチルで哲学することの面白さなのです。

𝄞 哲学的に聴くということ

山下　最初に出てくる素晴らしさは気晴らしであるとのことでした。それに続く箇所を聴いてください。

バブル期の追い風は何処へやら
日に日に皺《しわ》の数が増えても
悩んだ末に出た答えなら
15点だとしても正しい

山下　私はバブル崩壊直後に就職をしましたので、自分のことを歌っているように聴こえます。この、悩んだ末に出た答えなら15点だとしても正しいという考え方も、前段のプラス思考と同様に、世界の素晴らしさとは無関係なのでしょうか。とても心に響くのですが。

先生　私たちは、ミスチルの曲を哲学的に聴くという独特な聴き方をしていますので、この点については慎重な検討が必要です。

山下　独特といいますと？

先生　「HANABI」の中の僕は、世界が存在する意味を見失ってしまいました。その僕の目の前に、驚くほど美しい世界が現れます。この美しさの中にこそ、世界が存在する意味があると考えました。

山下　そうでした。それを受けて、今日の曲を聴いています。

先生　つまり、世界の美しさは、きわめて重要になります。したがって、「これでいて」という語が足されていることや、「素晴らしい」と「気晴らし」と韻が踏まれていることは、軽視できないのです。

山下　なるほど。曲を聴く時の観点が異なるのですね。

先生　その通りです。悩んだ末に出た答えなら15点だとしても正しい、という一文が心にしみるのは、この曲を応援ソングとして聴いているのだと思います。

山下　確かに。私は考えすぎて行き詰まってしまうことがあるから、このフレーズに背中を押してもらえる気がするのです。

先生　応援ソングとしての聴き方と哲学的な聴き方は、どちらが優位ということはありません。ですので、哲学的な聴き方が正しくて、それ以外の聴き方は間違っているということではないのです。

山下　なるほど。哲学的な聴き方と異なっても、悲しむ必要はないのですね。

先生　はい。ちなみに私が応援ソングとして聴く時、一番好きなのはここです。

どんな不幸からも　喜びを拾い上げ
笑って暮らす才能を誰もが持ってる

桜子　先生も応援ソングとしてミスチルを聴くんですね。いつも難しい顔をしてミスチルを聴いているのかと心配だったので、安心しました。

先生　もちろんです。何度ミスチルに励まされたことか。

𝄞 哲学的に美しい世界とは

桜子　私からも質問です。哲学的に聴いた時の美しい世界とは、具体的にどんな世界なんでしょうか？

先生　確かに気になるところですね。お二人は、どんな時に世界は美しいと感じますか？

山下　私は宇宙が好きなので、満天の星空が美しいと思います。

桜子　私は春の満開の桜だなぁ。名前が桜子だし。

先生　お二人が美しいと思う満天の星空、満開の桜は、自分を世界の中心に置き、自分の捕らえ方で世界を眺めることで感じた美しさでしょうか？

桜子　え、そんなこと考えたことないです。私が桜を好きなのだから、自分の捕らえ方なのかなぁ。

山下　私も桜が好きですよ。みんな桜を美しいと思いますよね。星空も多くの人が美しいと感じると思います。

桜子　みんなが美しいと思ったらダメなんですか？　誰とも重ならない奇抜なものじゃないとダメなんですか？

山下　先生、自分の捕らえ方で美しいと感じる世界とは何なのでしょうか？

先生　それを見事に表している曲がありますので、参照させてください。二〇〇五年のアルバム『I❤U』に収録されている曲で「僕らの音」という曲です。ここを聴いてみてください。

君は九月の朝に吹き荒れた通り雨
叩きつけられて　虹を見たんだ　そこで世界は変わった

山下　九月の朝、通り雨が吹き荒れた後に、空に架かる虹を見たのですね。これが美しい世界ということですか？　確かに、虹は美しいものですが。

先生　注目したいのは、最後にある、そこで世界は変わった、というフレーズです。虹を見ることで世界が一変するような衝撃を受けたことが重要なのだと思います。

桜子　世界の見え方が一変するような衝撃的な体験。まだ私はしたことがないなぁ。

先生　なかなかないですよね。自分の捕らえ方で受け取る美しい世界が、ここから分かると思います。

つまり、美しい世界とは、誰もが美しいと認めるような景色ではありません。受け取る側の衝撃的体験と結びついた、世界の見え方が一変するような光景なのです。

山下 なるほど。桜、星空、虹は一般的に美しいものですが、個々人の特別な体験として見ることが重要なのですね。したがって、僕の捕らえ方次第ということが大事になるのですね。

先生 はい。他ならぬ僕が衝撃を受けて捕らえ直した世界。これが、美しい世界です。

哲学的に聴いた上で

山下 正直申しますと、総ては僕の捕らえ方次第で僕こそが世界の中心だという考え方を、好きになれません。なんだか自己中心的な感じがしてしまいます。そんな人間の前に素晴らしい世界が現れることに納得ができません。

桜子 自己中心的。あ、さっき私に言ったの、それだ！

山下 おや、そんなひどいことを言いましたか？ 失礼しました。直感的に嫌だと感じてしまったのだと思います。決して桜子さんに対してではありません。

桜子 はい、気にしていないので大丈夫です。

先生 山下アナは、自己中心的で自分の捕らえ方次第で生きる人間に対して素晴らしい世界が現れてくることに疑問を持っているのですね？

山下　はい、そうです。周辺の人々のことを考えて生きる人間にこそ、素晴らしい世界が現れてほしいと思います。そこに世界が存在する意味があるなら、なおさらです。

先生　これは非常に大事な問題です。なぜ、自分こそが世界の中心であり、自分の捕らえ方で世界と関わる人間の前に素晴らしい世界が現れるのでしょう。この問題については、次回、考えることにしましょう。

山下　分かりました。納得できる答えを、楽しみにしています。

今日のまとめ

山下　今日は、第二回「ミスチルで哲学しよう」でした。いかかでしたか、桜子さん？

桜子　前回は、曲を使って哲学することが初めての経験でした。今回は、二つの曲をつなげて考えるということが初めての経験でした。

山下　そうですね。美しいと素晴らしいを同義語とみなし、美しい素晴らしい世界ということをキーワードにして二つの曲を関連づけていました。

桜子　その上で今日のテーマは、どうすれば世界が美しく現れてくるのか、でした。

山下　総てが僕の捕らえ方次第だという態度で世界と関わること、僕を世界の中心に置くことが大事だということでした。

桜子　続いて考えたのは、世界が素晴らしさを失うのはなぜか、でした。

山下　ステレオタイプ、つまりみんなが同じ考え方になってしまうことが原因でした。

桜子　山下さんは、これらの考え方に、少し不満を抱いていましたよね。

山下　はい、総てが僕の捕らえ方次第だと考え、僕を世界の中心に置く時に、素晴らしい世界が現れてくるということに納得ができないのです。次回はこの点がテーマになるとのことでしたね。

桜子　そうでしたね。次回、山下さんと先生との対決が楽しみです。それでは最後にもう一度聴いていただきましょう。「CENTER OF UNIVERSE」。

【もっと哲学しよう②　世界の中心にあるもの】

第二回では、世界の中心に僕を置くという話が出てきました。自分の仕方で世界と関わるということを意味していました。ここでは、中心を原点、つまり万物の根拠、根源となる点と考えて、もっと哲学してみましょう。そこを起点として、あらゆることが生起する場所には、何があるのでしょうか。

例えば、世界の中心には神があると考えることができます。この世界は神によって創られ秩序づけられているという考え方です。物体の運動の原因が神であることはもちろん、人間が自分の意志で行っていると思っている運動もまた、神の意志によると考えるのです。

それに対して、世界の中心にあるものは自分であるという考え方もあります。先の考え方における神を自分に置き換えるのです。自分の意志による運動のみならず、万物の運動の原因が自分であり、そもそもこの世界を創造しているものも自分なのです。夢をイメージすると分かりやすいかもしれません。この世界に存在するすべてのものは、あなたが生み出したものです。もちろん、今あなたが読んでいるこの本もです。そして、あなたが「目覚め」ることにより、無に帰するものなのです。

あるいは、世界の中心には何もない、そもそも中心はないと考えることもできるでしょう。世界はただ存在しているだけであり、それを根拠づけるもの、その運動の原因となるものは何もないという考え方です。

この世界は、何かによって秩序づけられているのか、いないのか。いるとすれば何が秩序づけているのか。あなたは、どう考えますか？

第三回
体と心

素晴らしい世界の現れ方

山下　今日は第三回「ミスチルで哲学しよう」です。感じはつかめてきましたか？

桜子　初めての体験で、なかなか新鮮です。今まで二つの曲をつなげて考えてみるなんてしたことなかったです。

山下　パート2やアンサーソングなど、最初から関連づけて作られる曲はありますが、そもそも独立している二曲をキーワードをもとに関係づけるということは、確かに、あまりないですね。

桜子　山下さんと先生の対決も楽しみです。素晴らしい世界が現れてくるのは、自分を世界の中心に置き、総てを自分の捕らえ方次第だという態度で世界に向き合う時であるというのが先生の解釈でした。

山下 そうでしたね。私は、そういう態度の人の前に素晴らしい世界が現れてくることに疑問を感じるのです。

桜子 世界の素晴らしさは、存在の意味に直接つながってくるのだから重要ですよね。さて、今日の曲は何でしょうか？

山下 今日は二〇〇三年の二五枚目のシングル曲「掌」です。

桜子 私、この曲が入ったアルバム『シフクノオト』（二〇〇四年）が一番好きです。ミスチルを知るきっかけになったアルバムなんです。

山下 思い入れが強いのですね。体の一部である「掌」をそのまま曲のタイトルにするのは、かなり独特ですよね。

桜子 この曲は、ミュージックビデオもかなり独特なんですよ。ドロッと流れるんです。血が。怖いくらい。

山下 その話しぶりから、独特さが十分伝わってきます。この曲には、強い主張がありそうですね。

桜子 はい。しっかり聴き取りたいと思います。それでは聴いていただきましょう、「掌」。

掌

掌《てのひら》に刻まれた歪《いびつ》な曲線
何らかの意味を持って生まれてきた証

僕らなら　求め合う寂しい動物
肩を寄せるようにして
愛を歌っている

抱いたはずが突き飛ばして
包むはずが切り刻んで
撫でるつもりが引っ掻いて
また愛　求める
解り合えたふりしたって
僕らは違った個体で
だけどひとつになりたくて
暗闇で踠《もが》いて　踠いている

ステッカーにして貼られた本物の印
だけど
そう主張している方がニセモノに見える
僕らなら　こんな風な袋小路に
今も迷い込んだまま
抜け出せずにいる

夢見てるから儚くて
探すから見つからなくて
欲しがるから手に入んなくて
途方に暮れる
どこで間違ったかなんて
考えてる暇もなくて
でも答えがなきゃ不安で

君は君で　僕は僕
そんな当たり前のこと
何でこんなにも簡単に　僕ら
見失ってしまえるんだろう?

ALL FOR ONE FOR ALL
BUT I AM ONE
ALL FOR ONE FOR ALL
BUT YOU ARE ONE

ひとつにならなくていいよ
認め合うことができればさ
もちろん投げやりじゃなくて
認め合うことができるから
ひとつにならなくていいよ
価値観も　理念も　宗教もさ
ひとつにならなくていいよ
認め合うことができるから
それで素晴らしい

キスしながら唾を吐いて
舐めるつもりが噛みついて
着せたつもりが引き裂いて
また愛　求める
ひとつにならなくていいよ
認め合えばそれでいいよ
それだけが僕らの前の
暗闇を　優しく　散らして
光を　降らして　与えてくれる

JASRAC　出　2101789-101

𝄞 君は君で僕は僕

桜子　山下さん、曲を聴きながら、だんだんと表情が曇ってきましたよね。

山下　はい、そうなのです。先生と対決しようと思っていたのですが……。ミスチルの強いメッセージを感じてしまい、対決にならないかもしれないという気がしてきました。とにかく、まず、先生をお呼びしましょう。今日もよろしくお願いします。

先生　はい、よろしくお願いします。

山下　さっそくですが、この曲の中でミスチルが投げかけてくる疑問に、考えさせられてしまっています。ここです。

君は君で　僕は僕
そんな当たり前のこと
何でこんなにも簡単に　僕ら
見失ってしまえるんだろう?

先生　ここは、まさに今日のテーマになる問いかけです。

山下　そうなのですか。最初は、自分を世界の中心に置き、総てを自分の捕らえ方次第だと考える人間なんて、自己中心的な人間だと思っていたのです。ところが、この問いかけを受け、そんな人たちこそ、どんな時も自分を見失わずに生きようとする人間のように思えてきたのです。

先生　確かにこの問いかけは強いメッセージを持っていて、誰しもふとわが身を振り返らされる思いがするのではないでしょうか。

桜子　子供の頃を思い出しました。「まゆみちゃん、夏休みに家族で沖縄に行くんだって」って親に話したら、「よそはよそ、うちはうち」って言われて。

山下　私は、欲しかったバットを買ってもらえなかった時に、同じことを言われました。

桜子　なのに、「まゆみちゃんはきちんと部屋を整頓しているらしいわよ、桜子も見習いなさい」とも言うんですよ。

山下　ありがちですね。ある時は「よそはよそ、うちはうち」なのに、またある時は「よそを見習え」と言われる。案外、身近なテーマですね。

先生　今日は、なぜ君は君で僕は僕であることが見失われてしまうのかについて考えていきます。

𝄞　人間とは何か

先生　この曲は、君は君で僕は僕が見失われる原因を、人間とは何かという観点から考えていると思います。

山下 人間とは何か、ですか。この曲には一度も人間という言葉は出て来ていませんが。

先生 確かにその通りです。ここでは、人間がいくつかの要素に分解されています。桜子さんは何からできていますか？

桜子 何って……肉です！ それと、骨、血。

山下 酸素と炭素と水素と窒素。イオウとリンとカルシウム。その他の元素を少々混ぜて、桜子さんの出来上がり。

桜子 あら簡単……じゃないですよ！ それでは私は動き出しません。ちゃんと魂を入れてくれないと。

先生 お二人の掛け合いで答えが出ました。体と心です。この二つの側面から、君は君で僕は僕であることが見失われる原因を考えていこうと思います。

𝄞 体について

先生 それでは、まず、体から考えていきましょう。冒頭部分を聴いてみてください。

掌《てのひら》に刻まれた歪《いびつ》な曲線

何らかの意味を持って生まれてきた証

桜子　掌に刻まれた曲線って手相ですよね？　それなら、君は君で僕は僕です。みんな同じ手相なら、占いにならないし。だから掌、体はみんな違います。

先生　その通りです。体という観点から考えてみると、これはみんな違う。つまり体レベルにおいては、君は君で僕は僕なのです。

山下　後半にある、何らかの意味を持って生まれてきた証というのは、どう理解すれば良いのでしょうか？　掌の曲線が生まれてきた意味を表す。つまり、手相によって、自分が生まれた意味が決定されるということですか？

桜子　えぇ。なんかそれ、嫌だなぁ。

山下　実は、私も話していて、違和感がありました。

先生　この掌は、占いができる部位としてではなく、人はみなそれぞれ異なっていることを象徴する部位として挙げられているのだと思います。体はみな異なり、君は君で僕は僕である。そこにこそ、この世界に生まれ存在する意味があるということです。

𝄞　本能について

先生　続いて、心についてです。人間の心はかなり複雑です。ここでは心を、三つのレベルに分けて検討していきたいと思います。

桜子　三つも！　なかなか複雑。私はたまに、単細胞生物みたいだと笑われますけど。ひどいですよね。私だって、いろいろなことを複雑に考えているのに。

先生　単細胞生物というのは、どういう感じの人を指すのでしょうか？

桜子　あまり考えず、目指すものに向かってまっしぐら。本能のままに生きている人かな。

先生　まさに、その本能です。人間だけでなく、動物全般が持つもので、種ごとに持っている行動習性です。これが心の第一のレベルです。まずは心の一番奥にある部分、本能について考えてみましょう。ここを聴いてください。

僕らなら　求め合う寂しい動物
肩を寄せるようにして
愛を歌っている

桜子　求め合う寂しい動物。人間のことを動物と表現しているのが印象的だなぁ。

先生　そうですね。ここでは、人間を動物の次元にまで掘り下げています。つまり、動物的本能のレベルにおいて、お互いを求め合うと歌っています。

桜子　でも、その後に出て来る愛を歌っているというのは、人間的ではないですか？　ミスチルの甘いラブソングが浮かんできます。

山下　私は動物的な求愛シーンが浮かんできます。肩を寄せるようにしてというのも、メジロが枝の上でギュウギュウ押し合う姿が思い浮かびます。

桜子　あれ？　ひょっとして目白押しって、鳥のメジロのことなんですか？

山下　そうですよ。なので、ここで愛を歌っているというのも、鳥が本能的に歌う求愛ソングのような鳴き声をイメージしました。

先生　山下アナのイメージは、この箇所が人間の心の動物的本能に注目しているという私の解釈に適合しますね。

山下　そうすると、君は君で僕は僕であることと本能との関係はどうなりますか？

先生　動物の本能、習性について考えてみましょう。桜子さん、群れを作って生きる動物と群れを作らない動物を挙げてみてください。

桜子　群れを作るといったら羊ですね。群れという漢字に羊が入っていますし。群れない動物といったら狼かなぁ。

山下　狼は群れを作って生きているでしょう。

桜子　そうなんですか？　でも、一匹狼っていうじゃないですか。そんな風に潔く生きられたならって憧れますよ。

山下　いつも群れを作るからこそ、一匹狼という言葉ができたのでしょう。

先生　確かに狼は群れで行動しますね。しかし、ここは動物学を論じる場ではないので、桜子さんの一匹狼のイメージを採用しましょう。では、ここで歌われている人間は、羊と狼のどちらに近いでしょうか？

桜子　それはもう、羊でしょう。羊は群れからはぐれたら生きていけないので、お互いを求め合い、肩を寄せるようにして生きています。

山下　逆に一匹狼は、君は君で僕は僕な生き方ですね。肩を寄せ合うなどありえません。

先生　そうですね。したがって、本能のレベルでは、人間は群れをなす動物であり、君は君で僕は僕であることが見失われてしまっています。

𝄞 感情について

先生　それでは次に、ここを聴いてみてください。

抱いたはずが突き飛ばして
包むはずが切り刻んで
撫でるつもりが引っ掻いて

また愛　求める
解り合えたふりしたって
僕らは違った個体で
だけどひとつになりたくて
暗闇で踠《もが》いて　踠いている

桜子　ここに心の第二のレベルが表れているのですか？　どんな心でしょう。

先生　思いと裏腹な態度をとってしまう姿が描かれています。本当は抱きしめたい、包みたい、撫でたいのに、逆のことをしてしまう。この抱きしめたいという想いは、心のどんな働きでしょうか？

桜子　溢れるほどの君への想い。君に対する愛情でしょうか。

先生　そう、愛情ですよね。本能とは少し違うと思うのですが、これは心の中のどのような作用でしょうか？

桜子　何だろう。好きとか嫌いとかってことですよね。感情かな。

先生　そう感情です。好き、嫌い。嬉しい、悲しい。快、不快などです。では感情レベルでは、君は君で僕は僕でいられているでしょうか？

桜子　先生が言われたように、想いとは違ったことをしてしまっています。抱きしめたいのに突き飛ばしてしまったり。

山下 後半を見ると分かるような気がします。ひとつになりたくて、暗闇で蹠いていると歌われていま
す。

先生 そうですね。うまく感情が行動で表現できず、想いとは裏腹な態度をとってしまうこともありま
すが、ひとつになることを目指しています。

山下 つまり、感情のレベルでも、君は君で僕は僕ではいられず、ひとつになろうとするということで
すか？

先生 はい、その通りです。肉体的には僕らは違った個体であるけれど、感情において、ひとつになろ
うとしています。

𝄞 理性について

桜子 心にはもうひとつの第三のレベルがあるのでしたよね？

先生 はい。人間を動物から分けるものです。感情と対比される、人間の心に備わる高度な作用は何で
しょうか？

山下 人間は知的に判断することができます。理性だと思います。

先生 その通り、理性です。ここを聴いてみてください。

ステッカーにして貼られた本物の印
だけど
そう主張している方がニセモノに見える

先生　ここに理性の特徴が表れています。ニセモノを見抜くということです。そのためには、何が必要でしょうか？

桜子　本物を知る必要があると思います。ニセモノしか知らない人は、それがニセモノとは気づけないでしょうから。

先生　そう、それが理性です。つまり理性とは、物事の真と偽を識別する能力です。

山下　道徳的な面でも理性を使いませんか？　感情的にカッとならずに、理性的に冷静に振舞う、というような使い方です。

先生　はい、それも理性の作用ですね。物事の善し悪しを識別する能力です。では、この理性のレベルにおいては、君は君で僕は僕ということは、どうなっているのでしょうか？　ここを聴いてみてください。

どこで間違ったかなんて

考えてる暇もなくて
でも答えがなきゃ不安で

桜子　すごく分かります。正しい勉強の方法とか、間違いのない就職活動の仕方とか言われると、飛びつきたくなるもん。

山下　答えがなくて不安になり、答えを求めています。これもまた、ひとつになろうということなのですか？

先生　そうです。物事には正解と不正解があり、不正解を選んでしまうことが不安で、正解を求めようとするのだと思います。

山下　そして正解を選べば、みんなと同じでいられる。なるほど、理性も、君は君で僕は僕ではなく、ひとつであることを望んでいるのですね。

𝄞　理性の光

山下　先ほどの箇所を聴くと、前回先生が、悩んだ末に出た答えなら15点だとしても正しい、という一文を素晴らしい世界が現れる態度から外したことが頷けます。自分の考えに点数をつけて正しさを測るのは、まさに理性的ですので。

先生　もちろん、理性が人類にもたらした功績は見過ごされてはなりません。その上で、しかし、理性には君は君で僕は僕であることを妨げてしまうことがあるのです。

桜子　理性の功績って、どんなものがあるんですか？　知りたいです。

先生　その功績は、まさに革命的です。革命という言葉から何を思い浮かべますか？

桜子　フランス革命かな。人権宣言。マリー・アントワネット。

先生　そうですね。近代市民革命です。人間の理性に基づく自然法には、侵されることのない生命、身体、財産の権利があるとして、絶対王政に抵抗する近代市民革命へと至るのです。

山下　イギリス名誉革命、アメリカ独立革命、フランス革命などですね。ジョン・ロックの社会契約説*です。

桜子　革命と言えば、産業革命もありましたよね。

先生　はい。産業革命も理性によるものです。理性的思考を持った自然科学者たちによる近代の科学革命が、産業革命の技術発展の礎となりました。

山下　万有引力の法則のニュートン、質量保存の法則のラボアジェなどですね。なるほど、近代市民革命に産業革命。確かに、理性の功績は偉大です。

＊　ジョン・ロック『市民政府論』鵜飼信成訳、岩波文庫、一九六八年。

体と心のまとめ

桜子 体と心、いろいろと出てきたので、忘れないうちに、私と山下さんでまとめてみます。

山下 「掌」を哲学的に聴くために、テーマを、君は君で僕は僕であることが見失われてしまうのはなぜか、に定めました。

桜子 人間とは何かという観点から考えます。人間は体と心からできています。

山下 まず体については、掌が人それぞれであることに注目しました。そこでは、君は君で僕は僕であることは見失われていません。そして、僕は僕であるという事実に、生まれてきた意味があるということでした。

桜子 心は、本能、感情、理性の三つに分けられました。

山下 本能的に求め合い肩を寄せる。ひとつになりたいという感情により跪く。誰もが一致する唯一の正解を理性的に求める。それらはいずれも、君は君で僕は僕であることよりも、君とひとつであることを求めています。

桜子 体では君は君で僕は僕であるのに、心では本能、感情、理性のどれにおいても、それを見失ってしまうんです。

先生 その通りです。完璧なまとめ、ありがとうございます。

𝄞 価値観の尊重

先生 続いて、君は君で僕は僕であることが見失われる状況に対して、どう対処するのかを考えてみましょう。

桜子 このあたりはどうでしょうか。

ひとつにならなくていいよ
価値観も　理念も　宗教もさ
ひとつにならなくていいよ
認め合うことができるから
それで素晴らしい

桜子 価値観、理念、宗教をひとつにせず、認め合えばいいと歌っています。

山下 これは前回の曲「CENTER OF UNIVERSE」とつながってきませんか？　本当に価値ある物を理屈でひとつに定める必要はない。そこでは確か、宗教も挙げられていました。

先生 そうでしたね。前回と今回の曲は、価値をひとつに定めなくてもいいという点で共通します。君は君で僕は僕であるためには、それぞれの価値観を認め合えばいいのです。

桜子 でも、それって難しくないですか？　赤ちゃんは乳児期には感情的に笑うし、生まれてすぐに本能的に笑います。なんだかもう、手遅れって感じです。

山下 私は、理性を信じたいです。異なる価値観を認めることもまた、理性の役割だと思うのです。

先生 理性、感情、本能のレベルで君は君で僕は僕であることが見失われるとしたら、どうすれば異なる価値観を認め合えるのか。これは次回のテーマとなります。

価値観を否定するもの

桜子 ところで山下さん、先生との対決はどうなりました？

山下 それなのですが、今日の議論を通じて、自分の考えに迷いが生じてきました。私は前回、自分を世界の中心に置き、総てを自分の捕らえ方次第だと考える人間に対して素晴らしい世界が現れてくることに、納得がいきませんでした。

桜子 そういう人間は、自己中心的な人間に思えるからでしたよね。

山下 そうなのです。みんなの和を乱す厄介な人間な気がしまして。でも、だんだんと、厄介なのは、みんなの和の方ではないかと思えてきたのです。

桜子 なぜですか？　山下さん仕事でもチームワークが大事だって言うじゃないですか。それって、みんなの和ですよね。

山下 チームワークは大事です。ただ、その考え方の中には、他の人の価値観を否定し、その人らしさを奪ってしまう側面があるのではないかと不安になってきたのです。

桜子 みんなの和という名の同調圧力につぶされてしまう感じでしょうか。

山下 そうです。自分の捕らえ方を大事にするのは、そういう圧力に懸命に抗おうとする姿のように思えてきています。

桜子 違いを認め合えた上でのみんなの和なら、素敵なんですけどね。

山下 なかなか難しいことです。もともと人間の心には、そういう違いをなくして、ひとつになろうという傾向がありますので。まさに、袋小路に迷い込んだまま、抜け出せずにいます。

先生 どうすれば、違いを認め合い、君は君で僕は僕でいられるのか。それでは、今日はここまでにしましょう。

今日のまとめ

桜子 今日のテーマは、君は君で僕は僕であることが見失われるのはなぜか？　でした。

山下 その答えを、人間を体と心に分けて考えました。

桜子 体は、人それぞれで、君は君で僕は僕です。でも、心は、本能、感情、理性、どのレベルでも、君は君で僕は僕であることを見失ってしまいます。

山下　このような状況に対し、価値観や理念や宗教をひとつにしようとせず、違いを認め合うことの大切さが歌われていました。

桜子　でも、これが簡単じゃない。人間は、本能、感情、理性のレベルで、ひとつであることを望んでしまうのですから。

山下　確かにそうです。どうしたら良いのでしょう。これが次回のテーマとなります。それでは、みなさん、じっと手を見ながら聴いてください。「掌」。

【もっと哲学しよう③　科学的世界と生活世界】

ここまでの議論では、世界が主要なテーマとなっていました。そもそも私たちは世界とどう関わっているのでしょうか。ここでは、科学的世界と生活世界という二つの世界について、もっと哲学してみましょう。

科学的世界は、あらゆるものが数式、法則で理解される世界です。自然は数字という言語で書かれていると考えたイタリアのガリレオ・ガリレイ（一五六四ー一六四二）に特徴的な世界観です。リンゴの落下も、水の流れも、キリンの網目模様も数式で表すことができます。そこでは、客観性が重要になります。つまり科学的世界では空間や時間は均質だということです。私にとってもあなたにとっても一メートルは一メートル、一秒は一秒です。この前提がなければ自然法則は成り立ちません。

生活世界はドイツのエトムント・フッサール（一八五九ー一九三八）が用いた現象学の概念です。そこでは、主観性が重要になります。現に生きる人間の関心によって、空間や時間が多様性を持ちます。ある村では、村内の一画が神聖な土地であり、三六五日の内の一日だけが聖なる日として特別な意味を持つのです。

科学的世界と生活世界の間に、優劣はありません。例えば、ブリという魚がいます。出世魚で、大きさによりイナダ、ハマチなどと呼ばれます。科学的世界ではイナダもハマチもブリです。それらを別の魚としてしまうと、ブリの生態を研究する生物学は成り立ちません。生活世界ではハマチとブリは別の魚です。旬や脂の乗りが異なるハマチとブリは別の魚として調理するのです。ブリの絶滅を防ぐためには科学的世界における生態研究が不可欠であり、ブリを刺身でおいしくいただくには生活世界におけるハマチが必要なのです。

第四回

過去と未来

僕が僕であるために

山下　今日は第四回「ミスチルで哲学しよう」です。ちょうど半分となりますが、ここまでついて来られていますか？

桜子　大丈夫です！　美しい世界が現れる時に、世界が存在することの意味が明らかになる。素晴らしい世界は、自分の捕らえ方で総てを捕らえる時に現れる。ところが、君は君で僕は僕であるという生き方は、とても難しい。今、ここまで来ました。

山下　そうですね。そして今回のテーマは、どうすれば、君は君で僕は僕であることを見失わずにいられるのか、です。

桜子　これが、なかなかの難問。人間は、本能的にも、感情的にも、理性的にも、ひとつになりたがってしまうんです。

山下　はい。体は、人それぞれ異なるのに、心は、ひとつの価値観を求めてしまう。いったいどうすれば良いのか。今日の楽曲は一九九七年のアルバム『BOLERO』に収録されている曲「タイムマシーンに乗って」です。

桜子　かなりマニアック。分かる方は、相当なミスチルファンだと思います。

山下　一面のひまわりの中に一人立つ異国の少女。アルバムジャケットが印象的で、よく聴きましたので、この曲も分かります。

桜子　私、ちょっと不安です。ひょっとして、君は君で僕は僕であるためには、タイムマシーンに乗れということですか？

山下　さすがに、それでは、現実味がないですよね。

桜子　そう、哲学って現実味が大事なんです。現実離れしたものを持ち出されても、それを信じられない人には、受け入れられないですから。

山下　さぁ、どうしたら僕は僕でいられるのか。ぜひ考えながら聴いてください。「タイムマシーンに乗って」。

タイムマシーンに乗って

ド派手なメイクをしてた
ロックスターでさえ
月日が経ってみりゃ　ジェントルマン
時が苦痛ってのを　洗い流すなら
タイムマシーンに乗って
未来にワープしたい

前略　宮沢賢治様
僕はいつでも
理想と現実があべこべです
「雨ニモマケズ　風ニモマケズ」
優しく強く　無欲な男
「ソウイウモノ」を目指してたのに

管理下の教室《コヤ》で　教科書を広げ
平均的をこよなく愛し
わずかにあるマネーで
誰かの猿真似《さるまね》
それが僕たちの世代です

How do you feel?
どうか教えておくれ
この世に生まれた気分はどんなだい？
How do you feel?
飽食の土地で
優雅に息する気分はどんなだい？

人生はアドベンチャー
たとえ踏み外しても
結局楽しんだ人が　笑者です
前略　ルイ・アームストロング様
次の世代にも
しゃがれた声で歌ってやってくれ
心を込めて「ワンダフルワールド」

恋の名の元に　少女は身を売り
プライドを捨てブランドを纏《まと》った
マスコミがあおりゃ　若さに媚売る
時代の着せ替え人形です

How do you feel?
どうか答えておくれ
この地で死にゆく気分はどんなだい？
How do you feel?
安定した暮らしに
老いてくだけの自分ならいらんのだ

侵略の罪を　敗戦の傷を
アッハッハ　嘲笑《あざわら》うように
足並み揃えて　価値観は崩壊してる
オットット
こりゃまるでタイトロープダンシング

君に幸《さち》あれ　きっと明日は晴れ
本心で言えるならいいですね

How do you feel?
どうか教えておくれ
この世に生まれた気分はどんなだい？
How do you feel?
どうか水に流してくれ
愚かなるこのシンガーのぼやきを
How do you feel?
どうか教えておくれ
この地で死にゆく気分はどんなだい？

JASRAC　出　2101789-101

𝄞 理想的人間像

桜子 これは大変。聴いただけでは、何と歌っているのか分からないです。声も、いつものミスチルっぽくない気がします。

山下 宮沢賢治やルイ・アームストロングが出て来るのも不思議です。さっそく先生をお呼びして、考えていきましょう。先生、よろしくお願いします。

先生 よろしくお願いします。衝撃的な曲で、戸惑っている感じですね。

桜子 はい、だいぶ不安になっています。まさか前回の答えが、タイムマシーンに乗れ、ではないですよね？ ドラえもんが欲しいと言われても、無理ですよ。

先生 そのまさか、タイムマシーンに乗れ、が答えですよ。どの時に行き、何をするのかが大事になります。

桜子 なんですと！ 結局ドラえもん頼みってことですか？

山下 タイムマシーンに乗るという答えに、桜子さんも動揺を隠せない状態です。なぜ、そういう答えになるのでしょうか。

先生 順を追って考えていきましょう。前回は「掌」をとりあげ、君は君で僕は僕であることが見失われる原因を、人間を体と心に分けて検討しました。

桜子　はい。さらに心は、本能、感情、理性の三つに分けました。
先生　今日の曲は、その原因を、現状に即して具体的に検討し、その対応策を示そうとする曲であると考えます。まず、ここを聴いてください。

前略　宮沢賢治様
僕はいつでも
理想と現実があべこべです
「雨ニモマケズ　風ニモマケズ」
優しく強く　無欲な男
「ソウイウモノ」を目指してたのに

桜子　そう、ここ！　なんで、いきなり宮沢賢治が出て来るんですか？
先生　「雨ニモマケズ」が、様々な時代において、理想的人間像を提示していたことがひとつの理由だと思います。
桜子　君は君で僕は僕ではなく、みんながひとつの人間を目指すべきだとされたんですね。
山下　確かに、「慾ハナク　決シテ瞋ラズ　イツモシヅカニワラッテヰル」と来て、最後は、「サウイフ

モノニ　ワタシハナリタイ」ですもんね。無欲で温厚な人間が描かれています。小学生の頃、教室に貼られていて暗唱しました。今でも覚えていますよ。

先生　はい。古くは戦争中、大政翼賛会が出した詩集に掲載され、「欲しがりません勝つまでは」の標語のように、戦時にあるべき人間像として掲げられました。

山下　大政翼賛会は、戦時中に国民を統合していった団体ですね。「ぜいたくは敵だ」という標語もありました。これらが「雨ニモマケズ」の「慾ハナク」に重なったのですね。

先生　戦後には、教科書に掲載されます。敗戦後の貧しい状況に耐えて生きる人間像として掲げられました。「一日ニ玄米四合」のところが三合に修正されての掲載でした。

桜子　そんな風に書き換えられて、賢治は反対しなかったのですか？

先生　賢治はすでに一九三三年に三七歳で亡くなっています。「雨ニモマケズ」も、彼の死後、手帳に書かれていたのが偶然発見され、発表に至ったのです。

山下　そうすると、賢治自身が、この詩で、目指すべき理想的な人間像を世の中に示そうとしていたかどうかは分からないのですね。

先生　そうですね。ただ、戦中も戦後も、あるべき人間像を示す詩として扱われたことは事実です。このように国家が目指すべき人間像を示すことは、君は君で僕は僕であることを見失わせることにつながります。

𝄞 管理下の教育

山下　今の話と関連しますが、君は君で僕は僕であることが見失われる具体的な原因には、学校教育もあるのではないでしょうか？　ここを聴いてください。

管理下の教室《コヤ》で　教科書を広げ
平均的をこよなく愛し
わずかにあるマネーで　誰かの猿真似《さるまね》
それが僕たちの世代です

桜子　なかなか強烈。ミスチルってこんなに毒を吐く感じでしたっけ。「教室」と書いて「コヤ」と読ませたり、誰かの猿真似とか、表現がトゲトゲしいです。

山下　ミスチルが学校に通っていた時代は、ちょうど学校で管理的な教育が行われていたので、こう言いたくなる気持ちは分かる気がします。男子は丸刈りで、女子のスカートの丈は、定規を使ってチェックされたりしました。

桜子　すごいな。それでは、真似したくなくても、みんなお猿さんみたいな頭になっちゃう。だんだんと平均的を愛するようになるかもなぁ。

先生 はい。それだけに、校内暴力という形での反発も強かったのですが。このような学校の管理的な教育は、君は君で僕は僕であることを見失わせる原因になります。

𝄞 流行と報道

桜子 もうひとつ、君は君で僕は僕であることを見失わせる具体的な原因が見つかりました。ここです。

恋の名の元に　少女は身を売り
プライドを捨てブランドを纏《まと》った
マスコミがあおりゃ　若さに媚売る
時代の着せ替え人形です

桜子 ラジオに携わる人間として、言いにくいんですが、これはマスコミ批判ですよね。マスコミが流行をあおることで、時代の着せ替え人形を作り出していると歌っています。

先生 はい、発端は個人のブランド志向です。それをマスコミが報道することで流行となり、同じ格好をする人が増えていくということです。

桜子　私たちも反省する点がありそうです。

先生　時代状況を映し出すことは、マスコミの大切な仕事です。ただ、結果としてそれが、時代の着せ替え人形を生み出す可能性があることを指摘しているのだと思います。

桜子　ところで、ブランドを纏ったとありますよね。確か、「CENTER OF UNIVERSE」でも、ブランド志向が批判されていませんでしたっけ？

先生　そうでしたね。本当に価値ある物について考える際、ブランド志向は、その対極に置かれていました。

桜子　すごい。ミスチルの曲って、つながっているのですね。

先生　キーワードやテーマを頼りに、私がつなげて解釈しているのですけどね。無理なくつながっているかどうかは、みなさんに判断してもらえればと思います。

𝄞 価値観の崩壊

桜子　もうひとつ、つながりを見つけました。「CENTER OF UNIVERSE」では本当に価値ある物とは何か、「掌」では価値観はひとつにならなくていい、そして、ここでは価値観が崩壊すると歌っています。三連鎖です。

侵略の罪を　敗戦の傷を
アッハッハ　嘲笑《あざわら》うように
足並み揃えて　価値観は崩壊してる
オットット
こりゃまるでタイトロープダンシング

山下　戦争は、加害者の側面、被害者の側面があり、一辺倒に考えるわけにはいきません。個人として戦争にどう関わったかも影響してくるので、なおさら複雑になります。

先生　ところが終戦から五〇年が過ぎた当時、戦争について考えることは、嘲笑われるように遠ざけられ、みんなが足並みを揃えて別の一本道へと突き進んでいきました。その状況が、自分の価値観を崩壊させてしまう危険な綱渡り芸にたとえられています。

桜子　どんな方向に歩んで行ったのですか？

先生　資本主義に基づいた経済第一主義です。一九九〇年代半ばの日本は、アメリカを猛追する世界第二位の経済大国でした。

山下　その後、バブルが崩壊して、二〇〇〇年発表の「CENTER OF UNIVERSE」に至るのですね。なるほど、つながってきます。

𝄞 人生の笑者

桜子　もう一人出て来るルイ・アームストロングにはどんな意味があるのですか？

人生はアドベンチャー
たとえ踏み外しても
結局楽しんだ人が　笑者です
前略　ルイ・アームストロング様
次の世代にも
しゃがれた声で歌ってやってくれ
心を込めて「ワンダフルワールド」

先生　桜子さん、ルイ・アームストロングといったら、どんなことを思い出しますか？
桜子　月面着陸！　アポロですよね。
山下　それは、アポロ一一号のニール・アームストロング船長の方でしょう！
桜子　え？　月に行った人ではないんですか？

山下　サッチモの愛称で親しまれたミュージシャンです。特徴的なしゃがれた歌声を聴けばきっと分かると思います。「What a Wonderful World（この素晴らしき世界）」は名曲です。

桜子　歌手だから、歌ってやってくれ、になるのですね。なるほど。ところで、素晴らしき世界って、ミスチル哲学のキーワードでしたよね。それなのに、ルイ・アームストロングは、君は君で僕は僕であることを見失わせる原因なのでしょうか。

先生　逆だと思います。たとえ踏み外しても良いから人生を楽しめというメッセージは、世間で言われる一般的な幸せから外れるとしても、僕は僕であろうということだと思います。

山下　私もここは、肯定的だと思います。「笑者」と書いて「しょうしゃ」と読ませる造語も興味深いです。満面の笑みで歌うルイ・アームストロングの姿が浮かんできます。

先生　ミスチルは、事故で脊髄を損傷し車椅子で歌うミュージシャンと一緒に、この曲をカバーしています*。とても感動的な演奏です。この曲は、何があっても自分らしく生きようという前向きな歌として考えられているのだと思います。

三つの原因

先生　君は君で僕は僕であることを見失わせる原因の具体的検討がなされましたので、ここでまとめておきましょう。原因は三つ挙げられていましたが、覚えていますか？

山下　一つ目は、宮沢賢治の「雨ニモマケズ」です。戦中においても戦後においても、国家があるべき人間像を掲げて国民をひとつの方向へと導いていたということでした。

先生　そうですね。宮沢賢治がそれを望んでいたわけではないけれども、「雨ニモマケズ」の中の人間像が、国家によって理想化されていくということでした。

山下　二つ目は、学校でした。管理教育が、生徒たちを平均的であることを愛するように仕向けていき、誰かの猿真似をする人間が作り出されるということでした。

桜子　三つ目は、マスコミでした。流行をあおることにより、時代の着せ替え人形が作り出されるということでした。

山下　そうすると、対応策は、学校やマスコミを改善するということになりますか？

先生　話はもう少し複雑です。前回を思い出してください。君は君で僕は僕であることが見失われる原因は人間の心でした。本能と感情、そして理性。つまり、学校やマスコミという形で問題が現れてきていますが、その根本には、人間の心の問題があるのです。

山下　なるほど。表面だけを改善してもダメで、根本の問題を解決しなければならない。そのために、タイムマシーンが出て来るのですね。

＊「ap bank fes '12 Fund for Japan」にて。小林武史氏とMr.Childrenの櫻井和寿氏を中心としたバンドであるBank Bandとして、奥野敦士氏と共に演奏している。

𝄞 タイムマシーンの行き先

先生　いよいよタイムマシーンに乗ります。いつに行き、何をしましょうか？

桜子　これは簡単！　最初に歌われています。

ド派手なメイクをしてた
ロックスターでさえ
月日が経ってみりゃ　ジェントルマン
時が苦痛ってのを　洗い流すなら
タイムマシーンに乗って
未来にワープしたい

桜子　タイムマシーンに乗って未来にワープしたい。答えは未来です。

山下　社会の流れに逆らって奔放な生き方をしていたロックスターが、時を経て立派な紳士になっていく。むしろ、僕は僕であることが失われているのではないでしょうか。

先生　理想的人間像にはまっていく苦痛を時が洗い流してくれるのなら、いっそ未来にワープしたい。

これは、問題解決というよりは、皮肉なのだと思います。ただ、私が考えているタイムマシーンの行き先も、同じく未来です。

山下　タイムマシーンの行き先は未来なのですね。大事なことは二度歌われる。ここですか？

How do you feel?
どうか教えておくれ
この地で死にゆく気分はどんなだい？

山下　タイムマシーンに乗って、自分が死ぬ時に行き、その時の気分を尋ねる、ということでしょうか。youは未来の自分自身だと考えています。

先生　そうですね。もちろん普通に考えればyouはあなたという意味です。続けて歌うこの部分を聴いてください。

How do you feel?
安定した暮らしに
老いてくだけの自分ならいらんのだ

先生　ここを合わせて聴くと、他者に問いかけているというよりは、内省的に自分自身に問いかけているように思えます。

桜子　なるほど、タイムマシーンに乗って、未来の自分自身にインタビューをしに行くのですね。でも、なんで自分が死ぬ時に行き気分を尋ねることで、君は君で僕は僕であることを見失わなくなるのですか？

山下　肉体こそが、君は君で僕は僕である証でした。死は、その肉体をこの世界から消滅させてしまいます。他ならぬ自分の肉体が失われてしまう時を意識することで、今のままで良いのかと自分自身に問いかけられる。そう考えました。

先生　みんなと同じということで得られる平均的で安定した暮らしは確かに安心です。けれど、たった一度の人生がそれで良いのか、死を意識することで問い直すのですね。

𝄞　もう一つの行き先

山下　タイムマシーンに乗って向かう先なのですが、もう一つ候補があります。ここです。

How do you feel?
どうか教えておくれ

この世に生まれた気分はどんなだい？

山下　自分が生まれた時にさかのぼって、その気分を尋ねるということです。過去の生まれた瞬間というのは、行き先になりませんか？　未来の死ぬ瞬間だけなのですか？

桜子　確かに、この世に生まれた気分を尋ねることも、二度出てきます。

先生　これは難しい質問です。実際、私も悩みました。他ならぬ自分の肉体が、この世界に誕生した瞬間と消滅する瞬間、どちらに行くべきか。

桜子　この曲の最後で、死にゆく気分を尋ねているから、死の瞬間へ向かうべきだというのはどうでしょうか。一番言いたいことは、最後に持ってくるんです。

先生　それは良いですね。ただ、私は、この曲の中では、タイムマシーンの行き先は、生と死の瞬間のどちらも同じくらい重要だと考えていると思います。それでも死の瞬間を選ぶ理由は、次回とりあげる曲の中にあります。「花—— Mémento-Mori ——」です。

山下　なるほど。だから、タイムマシーンは死の瞬間へと向かうのですね。納得しました。

桜子　え？　なんで山下さん、これだけで納得しているんですか？　まさか、この曲の歌詞が全部頭に入っているんですか？

山下　さすがに歌詞は暗記していませんよ。でも、先生が言いたいことは分かりました。

桜子　分からないのは、私だけですか。先生、理由を教えてください。

先生　それは次回、明らかにしましょう。ヒントは、サブタイトルです。

桜子　サブタイトル、これどういう意味ですか？　メ……メント……モリでしたっけ。そもそも何語なんでしょう。次回までずっとモヤモヤしそうです。

𝄞 四回分を振り返る

先生　ちょうど今回で折り返しです。ここまでの話を一緒に振り返りましょう。「HANABI」では、なぜ世界は存在するのか、世界が存在する意味を問う哲学的問いが発せられました。そして世界が美しく見えることに驚いている姿に注目し、この瞬間に世界が存在する意味が現れていると考えました。

桜子　次に、「CENTER OF UNIVERSE」。どうすれば世界が美しく現れるのかについて考えました。自分を世界の中心に置き、総ては自分の捕らえ方次第であるという態度で世界と関わる時に、素晴らしい世界が現れてきます。

山下　それは簡単なことではない。「掌」では、体はみんな違うのに、心は、本能的にも感情的にも理性的にも、みんなと同じであろうと望んでしまうとのことでした。君は君で僕は僕であることは、簡単に見失われてしまうのです。

先生　処方箋が「タイムマシーンに乗って」です。自分の死の瞬間に行き気分を尋ねることで、僕は僕でいられるようになるのです。それでは、今日はここまでとします。

今日のまとめ

山下　今日は、君は君で僕は僕であることが見失われてしまう具体的原因と対応策について考えてきました。原因は三つありました。

桜子　宮沢賢治の詩「雨ニモマケズ」を用いて理想的人間像を提示する国家、学校の管理的な教育、流行をあおるマスコミの三つでした。

山下　ただし、それら三つを改善すれば問題は解決するというわけではありませんでした。それらは表面的に表れた問題であって、その根本の原因は人間の心の奥底にあるからです。その根本原因に迫る対応策が、タイムマシーンに乗ることでした。

桜子　タイムマシーンに乗って、自らが死ぬ瞬間に行き、その気分を尋ねるということが対応策でした。もちろんSF物語ではありません。つまり、自分の最期を思い浮かべ、その時に何を思うのかを想像してみるということですね。

山下　他ならぬ自分の肉体が、この世界から消滅するのが死です。その瞬間の気分を確かめれば、僕は僕であることを見失った生き方で良いのかを見つめ直せます。

桜子　行き先が誕生の瞬間ではなく死の瞬間であることは、「花―― Mēmento-Mori ――」ではっきりするんでしたよね。サブタイトル、調べてみます。

山下　それでは最後にもう一度聴いてください。「タイムマシーンに乗って」。

【もっと哲学しよう④　大衆】

第四回では、平均的をこよなく愛する人間が出て来ました。この問題は、哲学では大衆社会論として論じられています。ここでは、大衆についてもっと哲学してみましょう。

スペインのオルテガ・イ・ガセット（一八八三－一九五五）は大衆を、同一であると感じて気持ちよくなるような平均人であると考えました。大衆は近代の産業革命によって出現しました。仕事を求めて農村から都市へと流入してきた人々は、共同体とのつながりが絶たれ居場所のない根無し草のような存在となりました。みんなで仕事をするために質を同じにすることが求められ、しだいに個性を失い群集化した大衆となっていったのです。

イギリスのジョン・スチュアート・ミル（一八〇六－一八七三）は、大衆社会における多数者の専制という問題を提起しました。平均化された多くの大衆が、個性溢れる少数者を抑圧するという問題です。同質であることに心地よさを感じる大衆が、平等の名のもとに、生活の細部にいたり、異質な個性の持ち主を抑圧するのです。

多数者の専制に対抗するために、ミルは各人の個性を育成することが大事だと考えました。そのために重要となるものは自由です。例えば言論の自由について、一人を除くすべての人が同意見であっても、その一人を沈黙させてはならないという彼の主張は、現代を生きる私たちの心にも響くものだと思います。

第五回

有限と無限

メメント・モリ

山下　今日は第五回「ミスチルで哲学しよう」です。いよいよ後半に入ります。

桜子　徐々に核心に迫っていくミステリーのようで、先が気になります。「謎はすべて解けた！」って言いたいです。

山下　人間には解けない謎かもしれない、謎解きに非現実的なタイムマシーンを使うのか、そんな不安を取り払い、着実に歩んでいますね。

桜子　今日の曲は、すでに発表されています。「花―― Mémento-Mori ――」です。

山下　一九九六年に発表された一一枚目のシングルです。同年のアルバム『深海』に収録されています。

桜子　前回は、僕は僕であるためにタイムマシーンに乗って死の瞬間に行き、その時の気分を尋ねよう、という話でした。現実的には、自分の最期の気分を想像するんです。

山下　行き先には、誕生の瞬間という候補もありました。今回の曲のサブタイトルを考慮すると、行き先は死の瞬間になるとのことでしたね。

桜子　調べてきましたよ、サブタイトル。メメント・モリというラテン語で、死を想え、死を忘れるな、という意味だそうです。

山下　その通りです。したがって、私は前回、タイムマシーンの行き先が、自身の誕生の瞬間ではなく、死の瞬間であることに納得したのです。死にゆく気分を尋ねることは、まさにメメント・モリと重なりますので。

桜子　日本語の辞書にも載っているくらい有名な言葉のようですが、私は知りませんでした。この言葉を初めて耳にするという方も多いのではないでしょうか。山下さんは、どこでこの言葉を知ったのですか？

山下　それは、先生をお呼びした後で話しましょう。エピソードもありますので。では、メメント・モリ、死を想え、に注意して聴いてみてください。「花―― Mémento-Mori ――」。

花 —Mémento-Mori—

ため息色した　通い慣れた道
人混みの中へ　吸い込まれてく
消えてった小さな夢をなんとなくね
数えて

同年代の友人達が　家族を築いてく
人生観は様々　そう誰もが知ってる
悲しみをまた優しさに変えながら
生きてく

負けないように　枯れないように
笑って咲く花になろう
ふと自分に　迷うときは
風を集めて空に放つよ　今

恋愛観や感情論で　愛は語れない
この想いが消えぬように
そっと祈るだけ
甘えぬように　寄り添うように
孤独を分け合うように

等身大の自分だって
きっと愛せるから
最大限の夢描くよ
たとえ無謀だと他人が笑ってもいいや

やがてすべてが散り行く運命《さだめ》であっても
わかってるんだよ
多少リスクを背負《しょ》っても
手にしたい　愛・愛

負けないように　枯れないように
笑って咲く花になろう
ふと自分に　迷うときは
風を集めて空に放つよ
ラララ・・・
心の中に永遠《とわ》なる花を咲かそう

JASRAC　出　2101789-101

𝄞 死を想え

山下　それでは先生をお呼びしましょう。よろしくお願いします。

先生　よろしくお願いします。桜子さん、メメント・モリの意味を調べてきたのですね。

桜子　はい。死を想え、死を忘れるな、という意味でした。

先生　そうですね。自分が死ぬべき運命にある存在だということを忘れるなという警句です。また、例えば頭蓋骨のような、死を象徴する物を意味することもあります。

桜子　だからだ！　ガイコツが踊っている絵が出て来て、怖かったです。

先生　それは『死の舞踏』ですね。中世末期のヨーロッパで、戦争や疫病で多くの人が亡くなり、死と向き合わざるをえなくなった状況が背景にあり、まさにメメント・モリが絵のモチーフになっています。

桜子　恐怖のあまり踊り狂ってしまう気持ちって、分かる気がします。どうせ死んじゃうんだし、もう、どうでもいいってなってしまいます。

山下　集団ヒステリーだったのかもしれませんね。骨だけになった姿は、聖職者も貴族も平民も、死んでしまえばみんな平等だということを表していると聞いたことがあります。

桜子　なるほど。みんなに平等に時は流れ、死もまた平等に訪れるんですね。

先生　死に直面し、半狂乱になったり、人間の平等性を思ったりするようです。この曲ではどう歌われているのかを、確認していきましょう。

桜子　ところで、山下さんは、この言葉をどこで知ったのですか？　エピソードがあるそうで。

山下　高校時代です。私たちの恩師が、この言葉を教えてくれたのです。「今日の花を摘みなさい。明日のことは分からないのだから。メメント・モリ！」。

桜子　良い言葉ですね。こういうことを生徒に教えてくれる先生って素敵です。

先生　懐かしい。カルペ・ディエムという言葉とで一対でしたね。教科書にこだわらない先生で、授業でも詩や小説を読んでいました。

桜子　懐かしい？　どういうこと？　そう言えば、「私たちの恩師」って言いました？

山下　そうですよ、私と先生。私たち、同級生ですから。

桜子　え？　山下さんと先生って、高校のクラスメイトだったんですか？　意外です。山下さん、とても落ち着いているし、先生は……なんというか……とても落ち着いています。

先生　同じなら、意外ではないでしょう。でも、ここまで来て明かされると驚きますよね。

桜子　だって、お二人はなんだかよそよそしい感じでしたもん。山下さんは普段から先生って呼んでいるんですか？

山下　そんなわけないでしょう。いつもは、「まさ」って呼んでいます。

先生　私は「山ちゃん」と。

桜子　「山ちゃん」と「まさ」、良いですね。今後はそう呼び合いましょう。私は、「さくちゃん」で！

山下　お断りします。仕事とプライベートは別物ですよ。

メメント・モリの精神

先生　それでは本題に入りましょう。メメント・モリは重要な概念ですが、まずは、今までの曲と関連させて考えます。この曲でも、君は君で僕は僕であることが見失われている様子が歌われています。それがどこか分かりますか？

山下　ここではないでしょうか。

同年代の友人達が　家族を築いてく
人生観は様々　そう誰もが知ってる

桜子　これ、分かるなぁ。ちょうど今、友人たちの結婚、出産が続いていて、焦ってしまいます。人生観は様々だと分かってはいるんだけど……。

先生　分かってはいるのだけれども、同年代の友人たちからズレていることに不安や焦りを感じてしまいますよね。

山下　友人たちとの違いに焦りを感じてしまうのは、平均的であることを愛してしまっていることが原因ということですね。

先生　はい。この曲もまた、君は君で僕は僕と割り切れず、みんなと同じであることを望んでしまうという問題意識を共有していると言えます。続いて、メメント・モリです。死を想え、死を忘れるな。この曲の中で、その考え方が表されているのはどこでしょうか。

山下　直接的に、死を忘れるな、死を想えとは歌われていませんね。死という言葉すら出て来ていません。ですが、花になぞらえて歌われている、ここですか。

やがてすべてが散り行く運命《さだめ》であっても

先生　そうですね。すべての花は散り行く運命にある。すべての人間は死ぬべき運命にある。まさにメメント・モリの精神です。

桜子　なんだかちょっと怖くなってきました。叫ぶような声で、散り行く運命を突きつけられると、どうしたらいいのか、分からなくなってしまいます。

先生　確かに。受け入れるには、あまりに深刻な事実です。それでもなお、死ぬべき運命を自覚した時、私たちはどうなるのか。どのように歌われているでしょうか。
山下　これは、直後を見れば良いのではないでしょうか。

わかってるんだよ
多少リスクを背負《しょ》っても
手にしたい　愛・愛

桜子　愛を手にしたい。これも分かるなぁ。友人たちが結婚して家族を築いていく姿を見せられると、私も愛する人が欲しくなります。いのち短し恋せよ乙女！
山下　多少のリスクは覚悟の上ですか。
桜子　もちろんですとも。振られるのを恐れていたら、恋愛は成就しませんので。

𝄞　愛の対象

先生　桜子さんは、ここで言う愛を、恋愛において見られるような愛だと考えたのですね。
桜子　はい、そうです。違うのですか？
先生　確かにミスチルは、素敵なラブソングをたくさん作っています。しかし、この曲で歌われている愛は、そのような愛なのでしょうか。

山下　なるほど。言われてみると、気になるフレーズがあります。ここです。

恋愛観や感情論で　愛は語れない
この想いが消えぬように
そっと祈るだけ
甘えぬように　寄り添うように
孤独を分け合うように

桜子　恋愛なんて、本当の愛ではないということですか？

山下　そこまでは言っていないと思います。恋愛や感情の中に愛があるのは当然ですが、それだけでは愛を語り尽くすことはできないということだと思います。

桜子　恋愛の愛でないとしたら、どんな愛なのかなぁ。あ、ここにも愛が出て来てる。

等身大の自分だって
きっと愛せるから

最大限の夢描くよ
たとえ無謀だと他人が笑ってもいいや

桜子　愛が、自分に向けられています。単に自分のことが好きだということではなく、等身大の自分を愛せると歌っています。

先生　はい。この曲の中で、自分はどのような状況の中に置かれていましたか？

山下　ふと自分に迷う。素直に自分を愛せなくなっている状況でしょうか。

桜子　同年代の友人たちの人生を見せられ、自分は今のままでいいのかと焦っちゃってる。

先生　その通りです。君は君で僕は僕であると割り切ることができず、友人たちに対して気後れを感じています。

山下　そんな自分に向けて、等身大の自分を愛せるようになると歌っているのですね。あるがままの自分を愛せるということでしょう。

先生　そうなのです。そして、そのきっかけが、やがてすべてが散り行く運命であることを自覚すること、つまりメメント・モリなのです。

山下　「タイムマシーンに乗って」では、僕は僕であるために、自分の死の瞬間に行き気分を尋ねるということでした。それが、この曲ではメメント・モリという言葉で表されているのですね。

孤独について

山下　死を想うことにより等身大の自分を愛せるようになるという趣旨は理解できます。しかし、その時の自分というものが少し気になります。自分を愛するあまり、他者との関係が切れてしまっていませんか。

桜子　それ、私も感じました。孤独を分け合うように、とありましたよね。あなたも孤独、私も孤独。生まれてから死ぬまで、結局人は一人ぼっち。なんだか寂しい。

先生　確かに、等身大の自分は孤独であるように感じます。孤独とはどのようなものか、考えてみる必要があります。少し視点を変えましょう。この曲の中に出てくる他者とは、どんな人々ですか？

桜子　家族を築いていく友人たちがいました。あと、僕が描いた最大限の夢を無謀だと笑う他人も。

山下　人生観は様々だということを誰もが知っている。この、誰もがと呼ばれる人々もそうでしょうか。

先生　はい。それらの人々はすべて他者と言えるでしょう。まだ、いると思います。探してみてください。

桜子　最初のところかな。

ため息色した　通い慣れた道

人混みの中へ　吸い込まれてく
消えてった小さな夢をなんとなくね
数えて

桜子　ここの僕が吸い込まれる人混みはどうでしょう。

先生　そうですね。人混みもまた他者です。こうしてみると、実にいろいろな人が出てきます。では、それらの人々は、自分にとってどのような人々でしょう。

桜子　あまり好感が持てません。特に最大限に描いた夢を無謀だと笑う他人は最悪です。

山下　人生観は様々だと誰もが知っているというのは、何だか皮肉ですね。みんな違う考え方なのだということを、みんなが同じように考えているということですので。「誰もが」とまとめられてしまう時、人混みが形成されるのかなと思いました。

桜子　友人たちは、悪い人ではないと思います。こちらが勝手に友人たちと自分を比べて、気後れを感じているだけですので。

先生　そうですね。他人、友人たち、誰も、そして人混み。いずれも、等身大の自分を愛することを阻んでしまう可能性のある人々です。

山下　なるほど。人と違った夢を無謀だと笑われること、誰もが人生観は様々だと同じように考えること、友人たちの人生の歩みとのズレに焦りを感じること、いずれも自分らしくあることを妨げてしまうのですね。

先生　はい。お二人が感じたように、等身大の自分であろうとすることは孤独につながります。しかし、その孤独は、あくまで自分らしさの妨げとなる他者に対しての孤独なのだと思います。

𝄞　理想と現実

山下　まだ納得しませんよ。孤独が、妨げとなる他者からの孤独であることは分かりました。しかし、等身大の自分が何らかの他者とつながることは言えていませんよね。

桜子　山下さん、厳しいなぁ。本当に高校時代からの友人なんですか？

山下　仕事とプライベートは別物です。さぁ、どう答えますか？

先生　ここは、タイトルに注目したいと思います。なぜ、この曲は比喩として花を用いているのでしょうか。

桜子　花のたとえを出さずに、ただ人間について歌い、誰もが死ぬべき運命と言われたら、怖くなってしまい、何も考えられなくなってしまうからですか。

先生　確かに目線を人から花へと移すことにより、死ぬべき運命に直面する恐怖が少し和らぐということはありそうですね。

山下　花にたとえて歌うからこそ伝えられることがあるのですよね。それは何でしょうか。
桜子　あれ？　花に注目したら、少し気になることが。最後のところです。

心の中に永遠《とわ》なる花を咲かそう

桜子　永遠なる花を咲かそうって、ちょっと不思議ではないですか？　やがてすべては散り行く運命なのに、永遠なる花を咲かそうって。
山下　なるほど。こう考えたらどうでしょう。現実では散ってしまうけれど、理想としては、永遠に咲き続ける。心の中というのは、理想の場所です。
桜子　なんかちょっと寂しいなぁ。しょせん現実はそんなものよ、って思い知らされます。
先生　桜子さんは、理想的な永遠なる花を、この現実の有限の世界で実現したいのですね。実は、この可能性こそが、タイトルを花にして示そうとしたことなのだと思います。
桜子　できるんですか！　永遠に咲く花、見てみたいです。

𝄞 永遠なる花とは

先生　それでは、まず永遠なる花が何を意味しているのかを考えてみましょう。

桜子　永遠なる花ですか。竹の花は一二〇年かけて咲くらしいです。これが永遠なる花と考えられますか。

先生　確かに一二〇年という年月は、人間の生命と比べると遥かに長いです。それでも、やはり有限です。花を咲かすまでの時間の長さで永遠を表現しようとしているのではなさそうです。花は散った後、どうなるのでしょうか。

桜子　花は散れば終わりです。それまでです。

山下　いや、そうでもないのでは。花の中で受粉が起こり、散った後に実をつけます。

桜子　そんなのあり？　それなら、まだ続きますよ。実の中には種があります。種からは芽が出ます。

先生　そうなのです。花は実へ、実は種へ、種は発芽へ、そしてまた、つぼみをつけ開花します。この過程が繰り返されることを永遠なる花と表現しているのではないでしょうか。

桜子　目の前の花は散り行くけど、時を経てまた咲いて、そして時を経てまた咲く。延々と咲き続けるということですか。

先生　その通りです。花は散っても、それに続く次の花の中で咲き続けるのです。そして、これが山下アナの問いに対する答えです。

桜子　山下さんの問いって、等身大の自分は他者とつながっているのか、でしたよね。

山下　なるほど。かなり大胆な解釈ですが面白いと思います。つまり、死ぬべき運命にある人間もまた、誰かに何かを残し引き継いでいく。その意味で他者とつながっているというのですね。

先生　はい、そうです。人は死を想う時、永遠に思いをはせる。それは、誰かに何かを残すことによって実現する。決して孤独ではないと思います。

山下　等身大の自分を愛するために、自分らしくいることの妨げとなる他者に対しては孤独となります。それでも、何かを残すために誰かとつながっている。それを花にたとえたのですね。

弁証法

山下　それにしても、花から植物のサイクルを考え、永遠につなげるとは、かなりの荒業ですね。

先生　実は、ドイツの哲学者ヘーゲル（一七七〇－一八三一）から、着想を得ています。彼は、花を例に出しながら、弁証法という考え方を提示しています*。

桜子　何ですか、そのベンショーホーというのは。

先生　世界がどのように展開し現在に至ったのか、その仕組み、原理のことです。話は、つぼみから始まります。

桜子　つぼみって、花が開く前の段階ですよね。

先生　そう思えるのは、花が咲くことを知っているからですよね。花を知らない人なら、固く閉ざしたつぼみを真の姿と思うでしょう。ところが、つぼみはほころび、花が開きます。真の姿だと思われていたつぼみは否定され、固いつぼみとは対立する柔らかな花が咲くのです。

桜子 待ってました！ 美しい花を見ると、これだよ、これ！ って思います。

先生 しかし、これぞ真の姿だと思った美しい花も散り行くのです。

桜子 寂しい気持ちになります。また来年だなって。

山下 桜子さん、先ほどからお花見気分ですよね。そうではなく、花が散って実がつくのですね。

先生 そうなのです。美しい花の姿は否定され、柔らかな花が散った後に、固い実をつけます。この動きをヘーゲルはアウフヘーベンと呼んでいます。「止揚」や「揚棄」と訳されます。「揚」という字が示すように、もともとは、持ち上げる、拾い上げるという意味です。

山下 待ってください。つぼみが否定され花が咲き、花が否定され実がなる。変化しているだけではないでしょうか。上がっていくというのは、どういうことでしょう。

先生 やがて果実になる子房は、すでにつぼみの中に含まれています。花が咲き受粉することで子房は果実へと成長を始めます。外見上、前段階は失われているように見えますが、つぼみの中の子房と花の中で起こる受粉によって、果実へと至るのです。

山下 前々段階のつぼみと前段階の花を踏まえることで、果実が実現する。だからこそ、上がっていく

＊ G・W・F・ヘーゲル『精神現象学』樫山欽四郎訳、平凡社ライブラリー（上・下）、一九九七年・一九九七年。

というイメージになるのですね。

先生　そうです。前の段階が全否定されるのではなく、その中にある要素を残しながら、さらなる段階へと上昇していくのです。アウフヘーベンは、保持するという意味でも使われますが、まさに、このことを指しているのでしょう。

桜子　花のたとえはとても分かりやすいです。でも、これが世界が展開する仕組みなのでしたよね。それはどういうことですか？

先生　世界も同じように展開すると考えます。ある時代において問題が生じる。それを克服し次の時代へと至るけれども、また問題が生じる。両時代の要素を踏まえながら、さらなる時代へと上昇する。これを繰り返しながら世界の歴史が展開していくと考えるのです。

山下　たとえると、こんな感じでしょうか。江戸時代が抱えた矛盾を明治維新によって克服する。明治国家もまた問題をはらみ、それを戦後日本が克服する。しかし、江戸と明治は全否定されたわけではなく、両者の要素を保持しながら現代がある。

桜子　武士はいなくなったけど、武士道精神は残っているって感じかなぁ。武士よりも武士らしく！。

先生　興味深いですね。ヘーゲルは、世界の歴史を自由の意識が前進していく過程であると考えていました。*

桜子　ところで私、気づいちゃいました。万物は流転するんです。ヘーゲルの弁証法って、そっくりじゃないですか？　矛盾し合ったものが対立しながら変化していくんですよね。

山下　ヘラクレイトスでしたよね。万物の根源を火と考え、生成と消滅、死と再生、対立の中で万物は流転していく。

先生　桜子さん、とても鋭いです。実際にヘーゲルは、ヘラクレイトスを弁証法の祖であると考えているんですよ。[**]

誰に何を残すか

桜子　先生、私の悩みを聞いてください。私は結婚していないし、子供もいません。永遠なる花を咲かせられません。

先生　植物を例に出されると、永遠なる花を咲かせるためには遺伝子を残さなければならないと思えてきます。しかし、引き継ぐ相手は、わが子とは限らないのだと思います。

桜子　そうなのですか。それなら安心です。どの辺から読み取れるのでしょうか。

先生　この曲では、そこまでは述べられていないと思います。もう少し進めば、誰に何を引き継いでい

＊　G・W・F・ヘーゲル『歴史哲学講義』長谷川宏訳、岩波文庫（上・下）、一九九四年・一九九四年。

＊＊　G・W・F・ヘーゲル『哲学史講義』長谷川宏訳、河出書房新社（上・中・下）、一九九二年、一九九二年、一九九三年。

くのかが、明らかになります。今日はここまでとしましょう。

桜子 まだ先なのですね。ちょっと焦ってしまうなぁ。でも、信じて待ちたいと思います。

今日のまとめ

山下 今回は「花――Mémento-Mori ――」を分析しました。サブタイトルのメメント・モリが重要でしたね。死を想え、すべてが散り行く運命であることを自覚する時、等身大の自分を愛せるようになるということでした。

桜子 同年代の友人たちとのズレに焦りを感じてしまう僕が、等身大の自分を愛せるようになる。君は君で僕は僕であると考えられるようになるんです。

山下 ところが、この曲には、一見矛盾する二つのメッセージがあります。すべては散り行く運命であるということと、永遠なる花を咲かそうということです。

桜子 これについては、ヘーゲルの弁証法をもとに解釈するんですよね。物事は対立し合いながらも、その要素を保持しつつ、次の段階へと上昇していくというのが弁証法です。

山下 花は、つぼみを否定しながらも、その内にある子房を受粉によって成長させ、果実へと至る。そうして続いていく過程の中で、花は咲き続ける。これが永遠なる花です。

桜子 これを踏まえると、この曲から感じる、人間はみな孤独であるという印象が変わってきます。人間の命は有限だけど、誰かに何かを残すことで無限の存在になれるんです。他者との結びつきが大事になってきます。

山下 次回は、それが明らかになるとのことでした。それでは、最後にもう一度。有限と無限を思いながら聴いてください。「花―― Mémento-Mori ――」。

第六回 生と死

素晴らしい世界

山下　今日は第六回「ミスチルで哲学しよう」です。前回は、哲学者ヘーゲルの弁証法についても学びましたね。

桜子　矛盾し合ったものが対立しながら、変化を続けていくんですよね。永遠なる花も、この弁証法で理解しました。

山下　あらためて、哲学的にミスチルを聴いているのだと実感しました。これまでの楽曲の解釈も、様々な哲学者たちの考えに基づいているのかもしれませんね。

桜子　あぁ、先生がブースの外で大きく頷いています。なんだか誇らしげ。

山下　今日の曲は「いつでも微笑みを」です。二〇〇二年のアルバム『IT'S A WONDER-

FUL WORLD』に収録されている曲です。

桜子　アルバム名が、素晴らしい世界。ミスチル哲学を象徴するようなタイトルですね。「CENTER OF UNIVERSE」では、世界は素晴らしいと歌われていました。

山下　そうでしたね。「タイムマシーンに乗って」では、「この素晴らしき世界」を歌うルイ・アームストロングが出てきました。

桜子　あぁ、先生が、「先に言うなー」って表情をしてる！　私たちも、ミスチル哲学を学んでいるのですから。wonderfulや素晴らしいという言葉には敏感になります。

山下　前回の「花――Mémento-Mori――」の分析では、死ぬべき運命を自覚する人間は、誰かに何かを残そうとするということでした。だから決して孤独ではない、と。

桜子　誰に何を残すのかは、まだ明らかになっていなかったですよね。今日の曲で、歌われているかもしれませんね。

山下　そうですね。では、誰に何が引き継がれていくのかを考えながら、聴いてみてください。「いつでも微笑みを」。

いつでも微笑みを

狭い路地に　黒いスーツの人達
急な不幸がその家にあったという
命は果てるもの　分かってはいるけど

何もかも思い通りになったとしても
すぐ次の不満を探してしまうだろう
決して満たされない
誰かが傷付いても

いつでも微笑《ほほえ》みを
そんな歌が昔あったような
今こそ　その歌を
僕達は歌うべきじゃないかなぁ

いつでも微笑みを
そんな歌が昔あったような
悲劇の真ん中じゃ　その歌は
意味をなくしてしまうかなぁ

もし僕がこの世から巣立って逝っても
君の中で僕は生き続けるだろう
そう思えば何とか
やっていけそうだよ

そう　だからいつも　いつでも微笑《えみ》を
いつでも微笑を
いつでも微笑を

JASRAC　出　2101789-101

𝄞 桜子先生の登場

山下 では、先生をお呼びします。よろしくお願いします。

先生 よろしくお願いします。いきなり、アルバム名に反応していましたね。このアルバムは二〇〇二年五月一〇日、つまり、デビュー一〇周年の日に発表されています。特別な思いを込めてつけた名前なのかもしれませんね。

桜子 ところで、今回の曲はとても分かりやすいですね。先生が何を言いたいのか、完璧に理解できました。

先生 それは頼もしいですね。では、今日は、桜子先生に解説をお願いしましょうか。

桜子 まかせなさい！

先生 今日の曲は物語のように展開していきますので、最初から順番にすべてを分析しようと思っています。

桜子 え……全部ですか？　最後のあたりがピンと来ただけなのですが……。

山下 それでは桜子先生、解説をお願いします。

桜子 え……あ……はい。頑張ります。それでは、まずは最初の箇所を聴いてみましょう。

狭い路地に　黒いスーツの人達
急な不幸がその家にあったという
命は果てるもの　分かってはいるけど

山下　急な不幸。どなたかが亡くなったのですね。黒いスーツとは、喪服のことでしょう。

桜子　はい。偶然、お葬式を見かけたのでしょう。命は果てるもの、すべては散り行く運命。まさにメメント・モリの考え方です。ミスチル哲学は、つながりが大事なのです。

先生　桜子先生、質問があります。

桜子　な……なんでしょうか？

先生　最後の一言が気になります。分かってはいるけど、です。何か、さらに言いたいことがある感じがします。

桜子　な……なるほど。良いところに、気がつきましたね。分かってはいるけど、暗い話は勘弁してくれって感じかな。

山下　その後に口笛を吹いているのも、死のことは忘れて、陽気に行こうという感じがします。

先生　この表現は、日常における死の向き合い方を表していると思います。命が有限であることは分かっているのだけれど。その事実から目を背けて生きているということです。

桜子　死を見つめることは、つらいことですからね。日常生活では、私たちは、その事実を忘れて生きています。だからこそ、メメント・モリです。死を想えということが大事になるんです。ちゃんと、つながっています。

吾唯知足

桜子　では、次の箇所を見てみましょう。

何もかも思い通りになったとしても
すぐ次の不満を探してしまうだろう
決して満たされない
誰かが傷付いても

山下　これは、人間の悲しい性《さが》ですね。いつも不満を抱えながら生きている状態です。

先生　そうですね。思い通りになっても、まだまだと思ってしまう。「吾唯足るを知る」の境地からは、程遠いですね。

桜子　これも、今までの曲とつながっています。君は君で僕は僕であると割り切れず、他人と比べてしまうんです。

先生　同年代の友人たちが家族を築いていくのを見て、焦りを感じてしまうのでしたよね。

山下　しかも、ここでは、誰かが傷付いても満たされない、とあります。平均的を愛するどころか、さらに、他人より優位に立とうとする感じまで伝わってきます。

先生　まとめると、ここまでの二つの段落は、日常的な人間の姿が描かれているのですね。

桜子　ちょっと待って！　私がまとめます。死ぬべき運命を分かっているけれど考えない。いつも他人と比べて、追いつこう、追い越そうとする。これが普段の私たちの姿なのです。

𝄞　今という時代

桜子　次にサビが来ます。聴いてみましょう。

いつでも微笑《ほほえ》みを
そんな歌が昔あったような
今こそ　その歌を
僕達は歌うべきじゃないかなぁ

山下　そんな歌が昔あったような、とあります。これは、若い桜子先生には、ピンと来ないかもしれませんね。

桜子　分かりますよ！　名曲じゃないですか。橋幸夫さんと吉永小百合さんの「いつでも夢を」ですよね。

山下　そう、その曲です。「いつでも何々を」というタイトルの形が共通していますし、それをサビで印象的に歌う点も共通しています。

先生　今なお歌い継がれている昭和の名曲です。昭和三七年、一九六二年の曲です。東京タワーの竣工が一九五八年で、東京オリンピックの開催が一九六四年です。一九六二年というと、その間ですね。

山下　家庭には、三種の神器と呼ばれた、白黒テレビ、冷蔵庫、洗濯機が普及しています。しかし、新三種の神器であるカラーテレビ、クーラー、自家用車は、まだまだという時代です。

桜子　えー、クーラーがないんですか。耐えられない！

山下　今と比べると、物質的には、ずいぶん貧しい時代ですね。

先生　しかし、もはや戦後ではないと言われた時代でもあり、高度経済成長を実現していく時代です。だからこそ、誰もが未来に夢を持てたのでしょう。

山下　今こそその歌を、とあります。どんな状況を念頭に置いて、今と言っているのでしょうか。具体的な現実が想定されていると思うのですが。

桜子　一九六二年の曲を、今こそ歌うべきと言っています。クーラーもマイカーもない時代でしたよね。

先生　はい。物質的には豊かではないけれど、未来に夢を持てる時代でした。精神的には豊かな時代であったと言えそうです。

山下　そうすると、逆に、今は、物質的には豊かになったけれど、精神的には貧しい時代でしょうか。

桜子　ふむふむ。では、私がまとめます。今というのは、心が満たされることがなくなってしまっている状況です。思い通りになっても、次の不満を探してしまうくらいなので。

𝄞　悲劇の真ん中

桜子　もう一度、サビが来ます。

いつでも微笑みを
そんな歌が昔あったような
悲劇の真ん中じゃ　その歌は
意味をなくしてしまうかなぁ

山下　前半は先ほどと同じですね。後半では、その歌を歌うべきと言っていたものが、意味をなくしてしまうかなぁとなっています。

桜子　そうですね。違いに注目してみましょう。悲劇の真ん中では、夢を持とうという歌も、意味を失ってしまうかもしれない。悲劇の真ん中とは、どのような場所でしょうか。

山下　先ほどと重なると思います。物質的に豊かになったものの、精神的には満足できなくなってしまった状況が、悲劇の真ん中ということです。

桜子　それはつらいです。だから、いつでも夢をと歌うのですよね。それなのに、その歌に意味はないだなんて。

先生　私は、悲劇の真ん中というのは、冒頭の部分だと思います。急な不幸、お葬式。お葬式そのものというよりは、そもそも人間は死ぬべき運命にあるという事実です。

桜子　なるほど。いつでも夢をと歌っても、結局命は果ててしまうのなら、意味なんてないと思ってしまいそう。

先生　散り行く運命は、永遠なる花を咲かすという希望と結びついています。前回の曲を聴いた私たちは、そう考えます。しかし、この曲の中では、まだ……。

桜子　ストップ！　続きは私が。命は果てるもの。だけど、夢を持つことは無意味ではない。そんなメッセージが次に来るんです。

𝄞 引き継がれるもの

桜子　私が最も大事だと考えるのが、ここです。

もし僕がこの世から巣立って逝っても
君の中で僕は生き続けるだろう
そう思えば何とか
やっていけそうだよ

桜子　花はすべて散り行く運命にあるけれども、永遠なる花を咲かそうという前回の考え方が、ここにはっきり表れています。

山下　花は散り行くけれども、実をつけ、種を落とし、発芽し、やがてまた開花する。このことを、永遠なる花と表現しているという解釈でしたよね。

桜子　そうです。人間で表すと、僕はこの世から巣立って逝く運命にあるけれど、僕の命は君の中で生き続けていくということです。そう言いたかったのですよね、先生？

先生　その通りです。有限の命は、君に引き継がれることで、永遠なる命として生き続けるのです。

山下　これがメメント・モリの答えですね。死を想うことで等身大の自分を愛せるようになる。等身大の自分を愛せるようになると、その自分を君に引き継ごうと思うようになる。

先生　はい。他ならぬ自分だからこそ、かけがえのない自分だからこそ、自分の存在の証を他者に残そうと思えるのです。

山下　会社で自分だけがやっている仕事があったら、自分が退職する時、誰かに引き継ぎをしないといけなくなるのと同じですね。

桜子　ちょっと、急に仕事の話をしないでくださいよ。この後、担当番組のナレーション入れをしなくてはいけないことを思い出しちゃったじゃないですか。

先生　「桜の落差」ですよね。県内の滝を紹介する番組。私、大ファンです。ラジオで滝の魅力を伝えるって、桜子さんにしかできないと思います。

山下　私が番組名を考えたんですよ。あれほどの人気番組に成長するとは、驚きです。

桜子　関係ない話をしない！　今は、桜子先生の「ミスチルで哲学しよう」の最中です。引き継ぐものが滝レポートって、なんか嫌だなぁ。もっと夢のあるものが良いです。

先生　それです。私も引き継いでいくものは、夢なのだと思います。曲の中では夢という言葉は出て来ませんが、「いつでも夢を」によって暗示されていると考えています。

桜子　なるほど。夢が引き継がれることで、君の中で僕は生き続けるのですね。

タイトルの読み方

桜子　そして、タイトルの繰り返しが来ます。

そう　だからいつも　いつでも微笑《えみ》を
いつでも微笑を
いつでも微笑を

桜子　「微笑」と書いて、「えみ」と読むのが好きです。ほのかな微笑みが、そのまま笑みでもあるっていうメッセージを感じます。

山下　ミスチルはそこまで考えているのでしょうか。

桜子　もう、山下さん、分かってないなぁ。ミスチルがどう考えたかも重要ですが、私がどう感じたかが何より大事なんです。ねぇ、先生?

先生　はい、その通りです。ところで、この曲のタイトルの読み方は、二〇一二年のアルバム『Mr. Children 2001-2005<micro>』に添えられたライナーノーツには、「いつでもえみを」と書かれています。

山下　そうなのですか！　最初の曲紹介で「いつでもほほえみを」と読んでしまいました。
先生　ただ、かつてのライブの中でミスチル自身は「いつでもほほえみを」と紹介しています*。
桜子　ということは、どちらもありですね。「ほほえみ」はそのまま「えみ」なんだという私が受け取ったメッセージも、あながち間違いでもなさそうです。
先生　そうですね。これまでの曲でもそうでしたが、ミスチルは笑うということをとても大切にしています。
山下　そうでしたね。前回は笑って咲く花でした。その前では、「笑者」と書いて「しょうしゃ」と読むのも印象的でした。
先生　笑って暮らす才能を誰もが持っている、というのもありましたよね。
桜子　そして、ここでタイトルになるのですね。ミスチルにとって「笑」はキーワードなんですね。

𝄞　笑って咲く花

先生　ところで、桜子先生。「笑」には笑うという意味以外に、もうひとつの意味があるのですが、ご存知ですか？
桜子　違う意味があるんですか？　にこにこ、げらげら。笑い方の違いではなくて？
山下　あぁ！　なるほど！

桜子 わっ。びっくりした……どうしました、急に。
山下 失礼しました。これは驚きですよ。桜子先生、辞書を引いてみてください。
桜子 何なんですか。えっと、「笑」を調べるんですね。
山下 分かってみると、確かに、漢字の形も、少し似ていますよね。
桜子 あぁぁあぁ！
山下 うわっ。びっくりした……分かりましたか？
桜子 花のつぼみが開くことって書いてあります！　すごい！
先生 そうなのです。「笑」には、「咲く」という意味があるのです。逆も然り。「咲」には、「笑う」という意味があります。
桜子 前回の花と今回の微笑み。完全につながっているじゃないですか。
先生 有限の命について歌う二つの曲に出てくる「咲く」と「笑う」という言葉が、実は同じ意味を持っているという妙を感じずにはいられません。
桜子 感動しました。笑って咲く花になろうって、単なる比喩ではなかったんですね。
山下 最後に印象的なお話をありがとうございました。

＊「ap bank fes '11 Fund for Japan」にて。

𝄞 終わりと始まり

桜子　勝手に終わりにしないでください。まだ分析することがあります。最初の部分です。

山下　えっと……静かにイントロが始まります。そして、赤ちゃんの泣き声が来ます。

桜子　そこ！　赤ちゃんの泣き声。ここも、大事な意味が込められていると思います。

先生　どんなメッセージでしょう。急な不幸を目撃し、命は果てるものと思い知るところから始まります。それに先立ち、命は生まれるものということを表しているのでしょうか。

桜子　突然尋ねられたわりには、なかなか良い答えですね。でも、私の考えは違います。なんと、この赤ちゃんは、君なのです。君の中で僕は生き続けるという時の君です。

先生　なるほど。桜子先生の解釈、見事です。巣立って逝く僕の命は、赤ちゃんである君の中で生き続けるということですか。それで、最初に赤ちゃんの声が入っているのですね。

山下　そうすると、この赤ちゃんの声は産声なのかもしれませんね。ひとつの命が終わり、またひとつの命が始まる。

桜子　感心している場合ではありません。私は悲しいのです。ひとり身の私には、命を引き継ぐ君がいないのです。永遠なる花を咲かせられないのです。どうしましょう、先生。

先生　前回から、そんな不安を抱いていましたよね。こう考えたらどうでしょう。赤ちゃんというのは、わが子という意味ではなく、次の世代の象徴である、と。

桜子 確かに、この赤ちゃんがわが子であるかは分かりませんけど。でも、ただの気休めではないのですか。

先生 大丈夫です。次回、自らの命を引き継いでいく先は、血のつながりのあるわが子であるとは限らないことが、はっきりします。

桜子 次回ですね。楽しみに待ちます。

先生 それでは、今回はここまでにしましょう。ありがとうございました。

今日のまとめ

山下 桜子先生、大役お疲れさまでした。とても良い解説でした。

桜子 ありがとうございます。どうにか頑張りました。ここで、振り返りましょう。

山下 まず、お葬式を目撃するところから始まりました。命は果てるものと分かってはいるけれど、その事実にきちんと向き合えない。日常的な私たちの姿が描かれていました。

桜子 次もまた、日常的な姿でした。思い通りになっても、次の不満を探してしまう。人と比べて、追いつきたい、追い越したい。いつまでたっても満たされません。

山下 そんな今だからこそ、いつでも夢をという昔の歌を歌おうというのでしたね。物質的には豊かではなかったけれども未来に夢を持てた、精神的に豊かだった時代の歌でした。

桜子 でも、その歌も、悲劇の真ん中、つまり人間は必ず死にゆくという事実に直面すると意味を失ってしまうかもしれない。死は、それほど強い衝撃を持っています。それでも、僕の命は君の中で生き続けると考えれば、何とか死と向き合えそうだということでした。

山下 自らの命は有限だけれども、それを誰かに引き継いでいく。それにより永遠となる。

桜子 その引き継ぐ相手の象徴が赤ちゃんであり、だから、この曲は赤ちゃんの泣き声で始まると解釈しました。どんな赤ちゃんであるかは、次回明らかになるということでした。

山下 はい。それでは最後にもう一度、お聴きください。「いつでも微笑みを」。

【もっと哲学しよう⑤　時間】

第六回では、有限の命の引き継ぎについて考えました。それでは、有限の命の背後に流れる時間は、有限でしょうか、無限でしょうか。時間に始まりと終わりはあるのかについて、もっと哲学してみましょう。

時間は有限であり、始まりがあったと考えてみます。神のような造物主がこの世界を時間と共に生み出したとしましょう。そうすると、この世界が誕生する前は、時間がなかったということになります。時間がない状況で、世界の誕生という出来事は起こるのでしょうか。時間があって流れているからこそ、ある時世界が誕生したのではないでしょうか。

こう考えると、時間に始まりはなく常にある、つまり無限だと考えられます。ところで、この本を読み出してから、どのくらいの時間が経ちましたか？　ちょうど一時間ということであれば、読み始めた時点から、一秒を三六〇〇個つなぎ合わせて今に至ったということになります。もし時間が無限だとしたら、今は存在できるのでしょうか。時間に始まりがないということは、言わば底なし沼に一秒というブロックを沈めているようなものです。始まりという底がないのですから、いつまで経っても今という時点まで積み上がって来ないのではないでしょうか。

こうしてみると、時間は有限と考えても、無限と考えても、問題が生じてしまいます。時間は有限でも無限でもない、別様のものなのでしょうか。それとも、私の説明のどこかに矛盾があるのでしょうか。時間をいかなるものだと考えますか。

第七回
変化と不変

ミスチルで生物学

山下　今日は第七回「ミスチルで哲学しよう」です。前回は、見事に先生役を務めていましたね。

桜子　ありがとうございます。先生という立場からだと、曲全体を見通したり、これまでの曲とのつながりを考えたり、少し景色が違いました。

山下　あらためて、別の角度から物事を見るということは重要なのですね。今日の曲は、「進化論」です。二〇一五年のアルバム『REFLECTION』に収録されています。

桜子　ここまでの七曲、全部アルバムが違いますね。「花―― Mémento-Mori ――」のアルバム『深海』が一九九六年だから、二〇年哲学してるってことですか！

山下　古代ギリシャのプラトンが二四〇〇年前でしたからね。人類の哲学の歴史を考えれば、二〇年哲学し続けるのも、決して不思議ではないですね。

桜子　ところで、進化論と言えばチャールズ・ダーウィン（一八〇九－一八八二）。でも、進化論って、生物の進化の話ですよね。次回が最終回だというのに、「ミスチルで生物学しよう」に変わっちゃうんですか？

山下　まさか。今日のテーマは、前回からつながるはずです。命が果てるものであると自覚した時、人は誰かに何かを引き継ごうとする。それは夢です。ただ「いつでも夢を」から夢と考えただけで、その中身は曖昧なままでした。これを明らかにする必要があります。

桜子　誰かは赤ちゃんです。次の世代の象徴とのことでした。この引き継ぐ相手がどんな人なのかも、明らかにしないといけませんよね。

山下　そう考えると、タイトルの進化論は生物学ですが、内容は今まで通り、哲学が続きそうです。だとすると逆に、なぜ哲学の話に進化論が出て来るのかも気になってきます。

桜子　そこ、大事そうです。進化論と哲学の関係に注意して聴いてみましょう。「進化論」。

進化論

この世界に生まれ持って携《たずさ》えた使命が
もしあるとしたら
それはどんなものだろう?
大それたものでは　きっとないな
だからと言って
どうでもいいことじゃ寂しい気もする

大小の様々な歯車が複雑に絡み合い
今日も廻ってる　あぁ　この世界
愛しき世界
君と廻してる

進化論では首の長い動物は
生存競争の為にそのフォルムを変えて
　きたと言う
「強く望む」ことが世代を越えて
いつしか形になるなら
この命も無駄じゃない

空を飛び　海を渡り
僕らの夢はまだ膨らむ
誰も傷つけない　優しい夢を
素敵な夢を
君に引き継げるかな?

変わらないことがあるとすれば
皆　変わってくってことじゃないかな?
描かずに消した　読まずに伏せた
夢をもう一度広げよう

空を飛び　月を歩き
それでも自然に脅《おびや》かされる
すべて受け入れて　見果てぬ夢を
素敵な夢を
君と見ていたい
今日も廻ってる　あぁ　この世界
愛しき世界
君と明日も廻していこう

JASRAC　出　2101789-101

𝄞 生まれ持った使命

山下 それでは、先生をお呼びします。どうぞよろしくお願いします。進化論と言えば一般的には生物学ですが、もちろん哲学的に聴くのですよね？

先生 その通りです。実際に歌い出しは、とても哲学的です。聴いてください。

この世界に生まれ持って携《たずさ》えた使命が
もしあるとしたら
それはどんなものだろう？
大それたものでは　きっとないな
だからと言って
どうでもいいことじゃ寂しい気もする

山下 この世界に生まれた使命とは何か。いきなり大きな問いかけが来ましたね。つまり、人はなぜ存在するのか、何のために存在するのか、ということですよね。

桜子 ここは神様の出番かなぁ。人はなぜ存在するのか？　神様によって創られたから。何のために存在するのか？　神様の目的を実現するため。

山下　神様が残酷で、すべてを終わらすことを望んでいたら、私たちに課せられている使命は滅びゆくことになるのですか？

桜子　意地悪だなぁ。じゃあ山下さんはどう考えるんですか？　世界が存在するのもビッグバンが起きたからで、特に意味はないんでしたよね？

山下　はい。存在することに意味はないと思っています。あえて使命を見出すのであれば、存在し続けることでしょうか。

桜子　進むことが使命。進化論ということですか。ミスチルも同じ考えなのかなぁ。

先生　ミスチルの進化論は、かなり独特なので、注意が必要です。まずは、一般的な進化論について、確認しておきましょう。

𝄞　種の起源

先生　ここを聴いてください。

進化論では首の長い動物は
生存競争の為にそのフォルムを変えてきたと言う

山下　これは有名なダーウィンの進化論ですよね。キリンの首がなぜ長いかの説明です*。

桜子　首が長い方が、高い所のえさを食べたり、遠くの敵を見つけたりできます。生存競争に勝って、どんどん首が長くなったんです。

先生　そうですね。首の長い個体が生き残り子を残し、それを繰り返し世代を重ねていくことで、より環境に適した首の長いキリンへとフォルムを変えてきた。

山下　首が長いということは、たまたま草原という環境に適していたということであり、生物としての絶対的な優位性ではないことには注意が必要ですよね。

桜子　確かに。ジャングルで首が長かったら頭を打っちゃって大変。

先生　自然選択説と言います。様々な自然環境が、生物の個体が偶然に持つ性質をふるい分け、その環境に適した進化を方向づけるのです。

桜子　草原では首の長いキリンが選択され、ジャングルでは首の短いオカピが選択されたようにですね。

社会進化論

先生　ダーウィンと同時代を生きたイギリスの哲学者ハーバート・スペンサー（一八二〇－一九〇三）は、社会進化論という考え方を提示しています**。

桜子　社会って生物じゃないのに、進化するんですか？

先生　はい。スペンサーは宇宙全体が進化すると考え、人間の社会もまた進化すると考えました。人々の自由が抑圧されている軍事型社会から、人々の自由が保障された産業型社会へと進化するのです。

桜子　自由って大事ですよね。社会進化論、賛成です。

先生　産業型社会の特徴は自由放任主義です。国家の介入を排した自由な経済活動が行われる社会です。

山下　自由競争こそ資本主義社会。しかしそれだと、経済競争に負ける人々も出て来ますよね。彼らはどうなるのですか？

先生　あくまで自由放任主義です。経済活動の結果もまた放任ということになります。

桜子　人間の社会は弱肉強食ということですか？　社会進化論、なんか残酷だなぁ。まさか、ミスチルも同じ考えなのですか？

先生　そこは大事な問題ですよね。次にミスチルの進化論とは何か、考えてみましょう。

𝄞 引き継がれるもの

先生　ここを聴いてみてください。

＊　C・ダーウィン『種の起源』堀伸夫・堀大才訳、朝倉書店、二〇〇九年。
＊＊　H・スペンサー『「進歩について」世界の名著　三六』清水礼子訳、中央公論社、一九七〇年。

「強く望む」ことが世代を越えて
いつしか形になるなら
この命も無駄じゃない

山下 世代を越えて形になるというのは、まさに進化論ですよね。キリンも世代を越えて首を長くしていきました。

先生 確かにそうです。では、質問です。あるキリンがトレーニングをしてムキムキの腹筋を手に入れました。そのキリンの子は、やはりムキムキの腹筋になるでしょうか？

桜子 無理です。だって、キリンは首が長すぎるから、腹筋運動なんてできませんもん。

山下 これは桜子さんの言う通りですね。ただ、トレーニングができたとしましょう。これは引き継がれませんよね。残念ながら、鍛え上げられた腹筋は一代限りです。

先生 そうです。このような後天的に手に入れたものは獲得形質と呼ばれ、ダーウィンの進化論では引き継がれないとされています。

桜子 そうすると、ミスチルが歌うような、強く望んで手に入れたものは、ダーウィンでは引き継がれないということですか？

先生 そうなのです。ここがダーウィンの進化論とミスチルの進化論の決定的な違いです。

山下　なるほど。ダーウィンでは生まれつき持った身体的特徴が様々な自然環境により引き継がれ進化していく。しかし、ミスチルでは強い望みが世代を越えて形になり進化していくのですね。

先生　世代を越えて引き継がれていく「強く望む」こととは、どのようなものでしょうか？

山下　ここで歌われていませんか。

空を飛び　海を渡り
僕らの夢はまだ膨らむ
誰も傷つけない　優しい夢を
素敵な夢を
君に引き継げるかな？

桜子　夢です！　この曲では、夢を君に引き継げるかな、とはっきり歌われています。

先生　前回は、「いつでも夢を」という曲が暗示されていることを手がかりに、夢と予想しました。しかしここでは、夢を引き継ぐと明示されています。

山下　空を飛び、海を渡り、膨らんでゆく夢。夢とは科学技術のことでしょう。ライト兄弟が空を飛び、リンドバーグは大西洋を渡り、アームストロングは月を歩きました。

桜子　空を飛びたいという夢は、世代を越えて引き継がれ、月にまでたどり着きました。ところで、誰も傷つけない優しい夢、素敵な夢とは、どういう意味でしょうか。

山下　科学が人を傷つける場合があることへの警告だと思います。科学者の純粋な夢が、結果的に何十万人もの命を奪う核爆弾を作り出すことにもつながりましたので。

先生　そうですね。ここも聴いてください。

空を飛び　月を歩き
それでも自然に脅《おびや》かされる
すべて受け入れて　見果てぬ夢を
素敵な夢を
君と見ていたい

桜子　地震、台風など、自然災害が思い浮かびます。人間の無力さを思い知らされます。

山下　科学万能主義に対する警告ですね。科学が自然を完全にコントロールできるわけではないということです。

先生　そうですね。科学が人を傷つけうること、科学が万能ではないこと、これらをすべて受け入れて、素敵な夢を見ていこうということだと思います。

山下 一世代では叶わない夢、強い望みが時代を経て実現していくことを進化と捉え、そこに貢献することを使命と考えるのですね。

𝄞 世代を越える夢

桜子 ここも聴いてほしいです。

変わらないことがあるとすれば
皆　変わってくってことじゃないかな？
描かずに消した　読まずに伏せた
夢をもう一度広げよう

桜子 夢って、世界を変えていく科学技術のようなものに限らない気がするんです。子供の頃に描いた「こんな自分になりたい」という将来の夢もまた、夢なのかなって思います。

山下 私は、プロ野球選手が夢でした。描かずに消してしまいましたが。

先生 野球をみんなに知ってほしい楽しんでほしいという先人の夢が、プロ野球を誕生させ、発展させ、やがてその中からメジャーリーグに挑戦する選手が現れ、ついにはそこで活躍するようになる。

山下 そう考えると、子供が抱く素朴な将来の夢も、世代を越えて実現していきますね。多少大げさですが、使命と考えて良さそうです。

桜子 先生はどんな夢を持っていたんですか？

先生 私は建築家になることが夢でした。スペインのサグラダ・ファミリアの話に感動しまして。

桜子 知ってる！　ずっと造り続けているのに、なかなか完成しない巨大な教会ですよね。

先生 はい。一八八三年にガウディが設計しました。自分が生きている間に完成しなくても、そこに人生をかけ、未来に託していく。そういうプロジェクトには夢があると思いました。

山下 夢は、限りある命を越えて引き継がれていくのですね。強く望むことが世代を越えて形になっていく。イメージがわきました。

桜子 ところで私、気づいちゃいました。万物は流転するんです。ここの前半部分は、そのことを歌ってますよね。

山下 なるほど。あらゆるものは変化する。これこそが変わらない根本原理である。まさにヘラクレイトスの考え方ですね。

桜子 だから夢も、一度あきらめても、そこで終了じゃないんです。描いた夢と消した夢が対立し合いながら、新たな夢へと変化して、広がっていくんです。

𝄞 世界を作る夢

山下 私はここが気になっています。

大小の様々な歯車が複雑に絡み合い
今日も廻ってる ぁぁ この世界 愛しき世界
君と廻してる

山下 歯車には良いイメージが持てません。チャップリンの映画『モダン・タイムス』を思い出します。歯車に巻き込まれるシーンが有名で、人間性を奪われた姿が風刺されていました。

先生 ここの歯車は、それほど悪いイメージではないような気がしますが、どうでしょう。この歯車を別の言葉で置き換えるとしたら、何が良いと思いますか？

桜子 先生、問題の出し方が下手！ これが夢だって言いたいんでしょ。

先生 分かりやすかったですか。そうなのです。人々が持つ大小様々な夢が絡み合って、世界が出来上がっているのだと考えたいのです。

桜子 なるほど。飛行機などの乗り物、野球などのスポーツ、教会などの建築物。世界に存在する様々なものは、人々の夢から出来上がっています。

山下 それは人間を重視しすぎではありませんか。この世界のすべてを人間が作り出しているわけではありません。例えば木の枝。人間が作ったものではありませんよね。

先生 こう考えてみたらどうでしょう。野球選手を夢見る少年山下にとって、地面に転がる木の枝は、どんなものでしたか？

山下 バットでした。手頃な枝を手に取り、木の実をボールにして、バッティング練習をしていました。

先生 そう。一方、建築家を夢見る私は、地面をキャンバスにして、木の枝で大きな建物を描いていました。そして、アイドルを夢見る少女桜子は、木の枝をマイクにして歌っていましたよね。

桜子 ちょっと。何で知っているんですか。恥ずかしいなぁ。

山下 夢で世界が出来上がっているというのは、人間が物質的に世界を作り上げているということだけではないのですね。

先生 はい。物質的に製作する面もあります。さらに、人々が描く様々な夢によって、世界に存在するあらゆるものが、様々な意味を持って、私たちの前に現れてくるのです。

桜子 木の枝がバットになったり、ペンになったり、マイクになったり。

山下 世界が私たちの夢から出来ているからこそ、この世界が愛しく思えるのですね。

𝄞 僕の憂鬱

先生　世界は私たちの夢からできているという考え方は、「HANABI」の中で僕が抱えていた憂鬱を吹き飛ばす可能性があるのではないでしょうか。

山下　確か、世界の値打ちが分からなくなり、すべてが無意味だと思えてしまっていましたよね。

先生　はい。どうしてそう考えるようになってしまったのでしょうか。

桜子　世界を私たちの夢とは無関係のものと考えてしまったからかな。世界がただの入れ物にすぎないなら、世界なんてどうでもよく思えてきます。自分に関係ないいんだもん。

先生　では、世界は私たちの夢からできていると考えたらどうでしょう。世界の様子は変わるでしょうか？

山下　変わってきます。ただの木の枝が、バットになったりマイクになったり。木の枝が、夢に応じて様々な意味を持つように、すべてが意味を持つようになります。

先生　そうなのです。世界は、私たちが夢や理想や希望を持って接する時に、その意味がありありと現れてくるのです。

𝄞 桜子の憂鬱

桜子　限りある命を引き継ぐべきわが子がいない。そんな私の不安も和らぎました。ミスチルの進化論は、生物的なわが子に夢を引き継ぐという話ではなさそうですから。

山下　ライト兄弟も、ガウディも、その夢は、わが子ではない多くの人々へと引き継がれていきました。

先生　そうですね。もちろん、親から子へと託される夢もあります。ただ、それに限定されるわけではないのだと思います。

山下　夢は自分から始まるわけではないということも言えますか。ガウディの死後、引き継いだ建築家も今は亡くなり、さらに次の世代へと引き継がれています。

先生　実はガウディ自身も、前年に始まった建築計画の初代建築家の辞任を受けて引き継いだ二代目建築家です。もっと大きな視点で見れば、それまでの教会建築、さらに言えば、そもそも建築という人類の壮大なプロジェクトを引き継いでいると言えます。

桜子　なんだか、過去と未来を自分がつないでいるって感じがしますね。

先生　そうですね。夢にわが身を投じることによって、自らの有限の命を、未来へはもちろん、過去へも引き延ばしているようなイメージです。

𝄞 山下の憂鬱

山下　桜子さんの憂鬱は吹き飛んだようですが、逆に私は不安が高まっています。世界は夢からできている。夢を追い、引き継いでいくことが使命である。この考え方は良いと思います。でも、夢から遠く逸れてしまった私は、使命が果たせていません。

桜子　アナウンサーは夢ではないのですか。

山下　確かに強い使命感を持って、日々臨んでいます。しかし、本当の夢は野球選手でした。そこから離れてしまっている今の自分は、本当の自分ではないと言われているような気さえします。ここのフレーズが胸にしみます。

今日も廻ってる　あぁ　この世界
愛しき世界
君と明日も廻していこう

山下　私も夢という使命を果たしながら、みなさんとこの世界を廻したいのですが、今さらプロ野球選手にはなれません。

先生　今の自分が本当の自分ではないように感じ、生まれた意味が分からなくなってしまっているのですね。

桜子　あれ？　そのフレーズ、なんか聴き覚えがある。本当の自分。生まれた意味……「GIFT」だ！

先生　その通り。「GIFT」です。次回はこの曲をとりあげて、本当の自分とは何か、生まれた意味とは何かについて考えたいと思います。

山下　今日の話を聞いて、私と同じ気持ちになった方も多いのではないかと思います。描いた夢を追い続け叶えられる人は、多くはないでしょうから。

先生　ミスチルには、悩んで元気をなくしている人たちに向けられた曲がたくさんあります。「GIFT」もまた、多くの人を励ましてきた曲だと思います。

山下　そうすると、「GIFT」は最終回にふさわしい希望の曲なのですね。この心のモヤモヤが晴れることを楽しみにしています。

先生　それでは、今日はここまでにしておきましょう。

今日のまとめ

山下　今日は「進化論」をとりあげました。私たちがこの世界に生まれ持った使命とは何か、という問いから始まりました。

桜子　ダーウィンの進化論は自然選択説です。生存競争に有利な特徴を持った個体が生き残り、子孫を残すことを繰り返し進化していくという考え方です。

山下　ミスチルの進化論は、ダーウィンの進化論とは異なっていました。それは、生まれ持った身体的特徴ではなく、強く望むことを世代を越えて形にしていくという考え方です。

桜子　引き継がれていく強い望みとは、夢でした。月を歩くような壮大なものから、子供たちが将来の自分を思い描くような夢まで様々です。

山下　そして世界は、この大小様々な夢でできています。そうすると、世界は私たちと無関係なただの入れ物ではなくなり、私たちの夢で作り上げられた世界になります。

桜子　世界が存在する意味が、ここに生まれてきます。私たちが夢を持って世界と向き合うことで、すべてのものに意味が生まれてくるのです。

山下　誰に夢を引き継ぐのかについても、明らかになりました。ダーウィンのような遺伝子を引き継ぐ生物的なわが子に限られませんでした。歴史の中で先人たちがつないできた夢を引き継ぎ、それを未来へと託していくのです。

桜子　私の憂鬱は晴れ、そして山下さんが憂鬱になってしまうんですよね。

山下　はい。夢から遠く逸れた私は、使命を果たせていない。本当の自分を見失い、生まれた意味を失ったように思えてくるのです。

桜子　この問題が、次回のテーマになります。それでは、みなさんも、自分の夢、人類の夢に思いをはせながら聴いてください。「進化論」。

【もっと哲学しよう⑥　永劫回帰】

第七回では、この世界に生まれ持った使命について考えました。時間の無限性と人生の目的について、永劫回帰という考え方があります。ここでは、この概念について、もっと哲学してみましょう。

永劫回帰は、フリードリヒ・ニーチェ（一八四四－一九〇〇）が提唱した概念です。時間は始まりもなければ終わりもない無限のものであり、宇宙は永遠に円環運動を繰り返すという考え方です。その円環の中で、あなたの人生も繰り返します。繰り返すと言っても、生まれ変わって別様の人生をやり直すことができるのではありません。まったく同じ人生を永遠に繰り返すのです。あなたが生まれてからこれまでに起きた事柄が寸分の狂いもなく起こり、そして今、この本で永劫回帰について読んでいるのです。

ビッグバンから約一三八億年が経ちましたが、繰り返しなど起こっていないと思う人もいるでしょう。しかし時間は無限です。兆、京、垓そして那由他の時の流れのどこかで同じことが起こり、それを周期とした円環運動が永遠に繰り返されるのです。

永劫回帰が事実であれば、万物に始源や終結はなく、人生は無目的で無意味になります。ニーチェはそれを肯定せよと言います。行為する時には、これがいく度となく起こることを欲するか、と自らに問うのです。それにより、「これが人生か。よろしい、もう一回！」と自分の運命を愛せるようになるのです。

独特な形で運命愛を説くニーチェには、納得できる人、できない人、様々だと思います。生まれて来たことに意味はあるのか、第八回で考えていきましょう。

第八回
時間と空間

新たな謎

山下　今日は第八回「ミスチルで哲学しよう」です。いよいよ今日が最終回です。

桜子　「謎はすべて解けた！」……はずだったんですよ。なのに山下さんが新たな謎を……。

山下　ほほう。では尋ねます。世界が存在することの意味は何ですか？　なぜ世界は存在するのですか？

桜子　答えは夢です。夢を持つ人間です。人間が夢を持って生きることで、世界は存在するんです。夢を持つ人間が世界と接する時、世界は様々な姿で現れます。そのひとつひとつが、世界が存在する意味なのです。

山下　ところが私が、新たな謎を出してしまいました。本当の自分とは何か。生まれた意味とは何か、です。

桜子　せっかく謎を解いたのに、また謎が現れてしまい、すっきりしません。早く「謎はすべて残らず解けた！」と言いたいです。さぁ、曲の紹介をお願いします。

山下　今回の曲は「GIFT」です。二〇〇八年に発表された三二枚目のシングルです。「HANABI」と同じアルバム『SUPERMARKET FANTASY』に収録されています。

桜子　まわりまわって元の場所に戻って来ましたね。探し物はポケットに入ってましたって感じです。

山下　「HANABI」から始まる七曲の分析を経たからこそ見えてくるものがあると思います。

桜子　「GIFT」は、北京オリンピック・パラリンピックのテーマソングに使われていましたよね。ご存知の方も多いのではないでしょうか。

山下　あの時は、応援ソングとして聴いていました。今、あらためて聴くと、確かに哲学的ですね。本当の自分とは何か、生まれた意味とは何か。哲学的な問いかけがあります。

桜子　これが今回のテーマですよね。前回の曲では、夢を次の世代に引き継ぐことが私たちの使命でした。そうすると、夢から逸れてしまった人は使命を果たせないということになりかねません。

山下　はい。野球選手という夢をあきらめてしまった私は、使命を果たせず、本当の自分を見失い、生まれた意味が分からなくなってしまいます。そんな私に、どんな答えが用意されるのか。考えながら聴いてみましょう。「GIFT」。

GIFT

一番きれいな色ってなんだろう?
一番ひかってるものってなんだろう?
僕は探していた　最高のGIFTを
君が喜んだ姿をイメージしながら

『本当の自分』を見つけたいって言うけど
『生まれた意味』を知りたいって言うけど
僕の両手がそれを渡す時
ふと謎が解けるといいな
受け取ってくれるかな

長い間　君に渡したくて
強く握り締めていたから
もうグジャグジャになって
色は変わり果て
お世辞にもきれいとは言えないけど

「白か黒で答えろ」という
難題を突きつけられ
ぶち当たった壁の前で
僕らはまた迷っている　迷ってるけど
白と黒のその間に
無限の色が広がってる
君に似合う色探して
やさしい名前をつけたなら
ほら　一番きれいな色
今　君に贈るよ

地平線の先に辿り着いても
新しい地平線が広がるだけ
「もうやめにしようか?」
自分の胸に聞くと
「まだ歩き続けたい」と返事が聞こえたよ

知らぬ間に増えていった荷物も
まだなんとか背負っていけるから
君の分まで持つよ
だからそばにいてよ
それだけで心は軽くなる

果てしない旅路の果てに
『選ばれる者』とは誰?
たとえ僕じゃなくたって
それでもまた走っていく　走っていくよ
降り注ぐ日差しがあって
だからこそ日陰もあって
そのすべてが意味を持って
互いを讃えているのなら
もうどんな場所にいても
光を感じれるよ

今　君に贈るよ　気に入るかなぁ?
受け取ってよ
君とだから探せたよ
僕の方こそありがとう

一番きれいな色ってなんだろう?
一番ひかってるものってなんだろう?
僕は抱きしめる　君がくれたGIFTを
いつまでも胸の奥で
ほら　ひかってるんだよ
ひかり続けんだよ

JASRAC　出　2101789-101

𝄞 本当の自分

山下 それでは、先生をお招きしましょう。よろしくお願いします。
桜子 さぁ、先生。本当の自分とは何か、生まれた意味とは何か、早く考えましょう。
先生 それは、後ほど。まずは桜子さん、この曲はどんなタイプの曲だと感じましたか？
桜子 どんなって……哲学ソングでしょう。だって最初から、本当の自分を見つけたい、生まれた意味を知りたいって。哲学的じゃないですか。
先生 第一回でとりあげた「HANABI」も、歌い出しに、世界にどれくらいの値打ちがあるのか、すべては無意味なのではないのか、と問いかけていましたよ。
山下 今までの桜子さんなら、君の分まで持つよ、だからそばにいてよ、なんて言われたら、キュンキュンするはずなのに。
桜子 確かにキュンと来たんですよ。でも、それよりも、本当の自分、生まれた意味の方が気になってしまって。あれ？　なんか私、哲学者っぽくなってる？
先生 ひとつの曲を色々な角度から聴けるということは、とても良いことだと思います。それでは、まず、桜子さんも気になるここからです。今回のテーマとなります。

『本当の自分』を見つけたいって言うけど
『生まれた意味』を知りたいって言うけど
僕の両手がそれを渡す時
ふと謎が解けるといいな
受け取ってくれるかな

先生　お二人は、「本当の自分」と言われると何を考えますか？

桜子　最近、やっと本当の自分に近づいてきた気がしています。前職を辞めてから、しばらく、家の仕事を手伝いながらダラダラ過ごしていたんです。でも、この仕事に就くことができて、これこそ私のやりたいことだだと実感できました。今、毎日が充実しています。

先生　本当の自分とは、なりたい自分なのですね。そして今、そこへと近づいている。

山下　私は、本当の自分とは、だいぶかけ離れている感じがしています。夢だったプロ野球選手をあきらめてしまったので。

桜子　山下さん、悩んでいましたよね。夢から逸れた自分は、本当の自分ではないって。

先生　本当の自分について考える時、お二人の考え方は、対照的ですね。桜子さんは本当の自分に近づいていると感じ、山下アナは、本当の自分から離れていると感じています。ところが、お二人の考えには、共通している点もあります。

桜子　共通点がありますか？　今の私は真のアナウンサーを目指していて、昔の山下さんはプロ野球選手を目指していた。今と昔。むしろ、真逆？

山下　あえて言えば、二人とも本当の自分との距離を測っていることは共通していますか。

桜子　本当の自分との距離？　私が近づいていて、山下さんが遠ざかっているということ？

先生　そう、そこなのです。共通点は、本当の自分というものが、実体としてある、ありうる、と考え、そこからの距離を測っていることです。

桜子　え？　そんなの当たり前じゃないですか？　それとも、本当の自分なんてありえないってことですか？　私は真のアナウンサーになれないということですか？　ひどい……。

先生　そうではないのです。私たちは、当たり前のように、本当の自分と言います。では、本当の自分とニセモノの自分は、どのように区別されるのでしょうか。

山下　確かに私は、本当の自分から離れている気がしています。しかし、今がニセモノの自分だと言われると、何か違う気がします。本物とニセモノの違いとは、何なのでしょうか。

𝄞　一番きれいな色

先生　本当の自分について尋ねる問いは難問です。最初から聴き直して考えてみましょう。

一番きれいな色ってなんだろう？
一番ひかってるものってなんだろう？
僕は探していた　最高のGIFTを
君が喜んだ姿をイメージしながら

先生　一番きれいな色とはなんでしょうか？　一番ひかっているものとはなんでしょうか？

桜子　これはもう、金色に決まりです。この曲はオリンピックのテーマソングなんですよ。金メダルの金色です。

山下　私もそう思います。金は金属の中で最もイオン化傾向が小さいですので。つまり、最も錆びにくい。科学的に見ても、一番輝くはずです。

先生　果たしてそうなのでしょうか。金という言葉は一度も出て来ませんよね。

山下　確かに。金とは限らないかもしれません。ここでも、一番きれいな色について歌っています。ヒントになりますか。

白と黒のその間に
無限の色が広がってる

君に似合う色探して
やさしい名前をつけたなら
ほら　一番きれいな色
今　君に贈るよ

桜子　一番きれいな色が出て来た。それは、君に似合う色なんですね。
先生　そうですね。君に似合う色というのは、どうやって決まるのでしょう。
山下　先日、自分に似合う色を瞬時に判定するアプリの開発者を取材しました。自分の画像を入力すると、各パーツの形、大きさ、位置関係などを計測し、一色を選び出すのです。
桜子　あれ、ちょっと怪しいと思うなぁ。私もやってみたら、利休鼠って出たんですよ。なに、鼠って……失礼しちゃう。
先生　それはっ……ひどいっ……では、桜色という答えなら納得でしたか？
桜子　先生、笑いをこらえていません？　それでも、自分に似合う色が機械で判定されるって、なんか違う気がします。
山下　そうですか？　緑がかった灰色、桜子さんにピッタリだと思いますよ。
桜子　もう……ミスチルは、機械に頼れとは歌っていません！　白と黒の無限の色の中から、君のことを想いながら一生懸命探した色が、君に似合う色なんです。

先生　ソフトが判定する色と、君を想う僕が探す色。何が違うのでしょうか？

山下　判定ソフトは科学的です。客観的にひとつの答えを導き出すのです。

桜子　僕が探し出した君に似合う色は、人それぞれになると思います。名前をつけるというのも、もとからある色ではなく、自分で探し出したオリジナルな色という感じがします。

先生　そうですね。直前を合わせて考えると、ミスチルの考え方は、はっきりしてきます。

「白か黒で答えろ」という
難題を突きつけられ
ぶち当たった壁の前で
僕らはまた迷っている　迷ってるけど

先生　白か黒か。正解はどちらかひとつ。そんな難題の前で迷い、迷いながらも僕なりの答えを探そうとする態度が見られます。科学的に唯一の正解を探すのではなく、自分の感じ方を大事にしようとしています。

贈られる自分

先生 それでは難問、本当の自分とは何かに戻ります。類推してみましょう。一番きれいな色も、本当の自分も、僕が君に贈ろうとしています。この観点から、本当の山下アナを探してみます。桜子さんにとって、山下アナとはどんな存在ですか？

桜子 私にとっての山下さんですか。えっと……模範的なアナウンサーです。特にインタビュー。相手の本音を聞き出すのがとても上手で、見習うべき存在です。

先生 私にとっては、アナウンサーではありません。一五歳で知り合っていますので。一言で表すと、正義の人かな。損得ではなく正義の観点から行動する姿を見てきましたので。

桜子 なんかべた褒めじゃないですか。いいなぁ。本当の桜子もお願いします。

山下 それは、さておき。少し不思議です。私は、夢だった野球選手をあきらめてしまったことで、なんだか本当の自分から逸れてしまった気がしていました。ところが、お二人にとって、本当の山下は、野球選手ではないのですよね。

桜子 確かに。本当の自分って、自分ではなく、相手が定めてくれるものなんですね。

山下 もうひとつ不思議が。お二人にとって別の山下がいます。おそらく、妻にとっても、子供たちにとっても、そしてリスナーのみなさんにとっても別の山下がいると思います。本当の山下がたくさんいるということですよね。本当の山下はひとつではない。

先生　そうなのです。つまり、本当の自分とは、自分ひとりで定めるものというよりは、他者との関係の中で現れてくるものなのです。

桜子　他者との関係が大事になるのですね。本当の自分をめぐる僕と君の関係は、曲の一番最後でまとめられていると思います。

一番きれいな色ってなんだろう？
一番ひかってるものってなんだろう？
僕は抱きしめる　君がくれたGIFTを
いつまでも胸の奥で
ほら　ひかってるんだよ
ひかり続けんだよ

山下　このことを、今とても実感しています。桜子さんと先生からもらった本当の山下。私の胸の奥でひかり続ける贈り物となりました。

桜子　山下さん、気が緩んでいませんか？　これって最初の部分と少し違いますよね？

山下　あれ、ちょっと待ってください……なるほど、僕と君が逆になっています。最初は、僕が君に「GIFT」を渡していました。ここでは、君が僕に「GIFT」をくれるとなっています。

先生　そこはとても重要です。僕と君の関係は、本当の自分を贈り合い、受け取り合うような相互的な関係なのです。さらにライブでは、会場全体をくまなく指し示しながら、次のようなフレーズを加えています*。

君から僕へ　僕から君へ　最高のGIFTをありがとう
君から君へ　あなたからあなたへ

山下　本当の自分をめぐる関係は、僕と君の二者間に留まるのではなく、すべての人が本当の自分を贈り合い、受け取り合うことでつながっているのですね。

先生　はい。本当の自分は他者との関係の中で現れます。そして、多くの他者との関係の中で、本当の自分は多くの可能性を持つ存在となるのです。

桜子　なんだか大変。本当の自分が無数に広がっていきます。贈る方も大変。出会う人々それぞれに、自分にとっての君を贈らなければいけないのですから。

先生　確かに大変です。しかしその中にこそ、生きることの意味があるのだと思います。

𝄞 日差しと日陰

桜子　今の先生の発言は、生まれた意味とは何かという問いに関係してきますね。私たちは、何のために生まれて来たんですか。

山下　生まれた意味について考えていたら、気になるところが見つかりました。

果てしない旅路の果てに
『選ばれる者』とは誰？
たとえ僕じゃなくたって
それでもまた走っていく　走っていくよ

山下　前回の「進化論」を踏まえると、「選ばれる者」という言葉が気になるのです。

桜子　自然選択説だ！　自然環境が個体の性質を選ぶことで進化が方向づけられるんですよね。草原が首の長いキリンを選んだように。

＊「Mr.Children DOME & STADIUM TOUR 2017 Thanksgiving 25」などにて。

山下　ミスチルの進化論は自然選択説ではありませんでした。しかし、世代を越えて夢を形にしていくミスチルの進化論においても、夢から遠く逸れた者、「選ばれぬ者」は出て来るわけです。それでも走っていくというところに使命感を感じます。

先生　なるほど。果てしない旅路を、夢が世代を越えて形になっていく過程と捉えるのですね。とても興味深いです。

桜子　ところで私、気づいちゃいました。万物は流転するんです。続きが大事です。

降り注ぐ日差しがあって
だからこそ日陰もあって
そのすべてが意味を持って
互いを讃えているのなら
もうどんな場所にいても
光を感じれるよ

桜子　万物は矛盾し合ったものが対立することで変化していくんです。日差しと日陰、両方あってこそなのです。対立するものがお互いを讃え合うことで次の段階へと変化し、光を放つのです。

先生 なるほど。日差しと日陰、選ばれる者と選ばれぬ者。どちらにも意味がある。これもまた、とても興味深いです。

山下 桜子さんの考え、とても説得力があります。前回の、描いた夢と消した夢が対立し合いながら新たな夢へと変化していくという話につながってきますね。

桜子 はい。今は夢から遠く逸れて、「選ばれぬ者」と感じていても、それで終わりじゃないんです。

生まれた意味

先生 話が前回の「進化論」に向けられました。そこでは、生まれ持って携えた使命とは何かと問われていました。どのように答えられていたでしょうか。

山下 使命とは、夢を次の世代へと引き継いでいくこと。命は有限です。しかし、夢という強い望みを、前の世代から受け取り、次の世代へと引き継ぎ、形にしていけるのであれば、この命は無駄ではないということでした。

先生 そうでした。過去と未来という時間の中に、有限の自己を位置づけることにより、自らの使命、意味を見出すのです。ところで、夢を持って世界と関わる時、世界はどのように現れてきましたか。

桜子 木の枝がバットになったりマイクになったり。いろんな形で目の前に現れるようになります。つまり、世界が意味を持って、私たちの前に現れてくるんです。

先生　はい。この考え方は、今日の話とどこか似ていませんか？

桜子　それ！　山下さんって、木の枝と一緒なんです。木の枝がバットにもマイクにもなるように、山下さんも模範的アナウンサーであったり、正義の人であったりする。

山下　木の枝と一緒とは……いろいろな自分がいることに、生まれた意味があるのですか。

先生　そうです。様々な在り方をしながら存在していること。ここに自分が生まれ存在することの意味があります。

桜子　それって、当たり前じゃないんですか？　普段からいろんな顔をして生きています。

先生　果たしてそうでしょうか。ひとたび生き方を悩み出すと、自分をひとつの型にはめたいと思いはしませんか？

桜子　確かに。この仕事に就く前のことを思い出しました。自分が何者なのか、何をしたらいいのか全然分からなくて。何でもいいから誰か適当に決めてくれって自暴自棄になってました。

山下　そんな時、学生時代にイベントで司会をした時の充実感を思い出し、この仕事を志望したのでしたよね。

桜子　そうなんです。家族や友達が親身になってくれて。良かった時のことを思い出させてくれました。

山下　長年アナウンサーとして生きる私は、安定に心が向かい、変化を恐れてしまいます。

先生　ひとつの形に定まると、別様である可能性の前に自分を開放しにくくなります。

桜子　そう言えば、山下さん、高校野球の実況を担当するんですよね。これってすごい変化じゃないですか？　社内でも、どうしたんだと話題沸騰でした。ねぇ、マリちゃん？

マリ　え!?　あ……はいっ。

山下　こら、桜子さん。唐突に新人ADに話を振らない。まったく。きっかけは、野球をしている息子です。私の実況のもとで野球をしてみたいと言われたのです。白球を追いかける球児たちを多くの人に伝えられたら、彼らの野球人生に貢献できると思い、実況担当を名乗り出ました。

桜子　それって、まさに、描いた夢と消した夢の対立の中で新たな夢が生まれてくるという話じゃないですか。

山下　実は私もその時、桜子さんのことが頭に浮かびました。

先生　夢である野球に関わろうと、実況アナという新たな可能性を切り開いたのですね。まさに夢を引き継いでいこうという姿だと思います。

山下　安定した暮らしに老いていくだけの自分ならいらんのだ。そんな心境です。

桜子　これは、反省だなぁ。山下さんのこと、インタビューが得意なアナウンサーとしか見ていませんでした。

先生　自分を型にはめたくなるのと同様に、他者のことも型にはめて理解しがちですよね。あの人は、善人か悪人か、好きか嫌いか、役に立つか立たないか、など。人間はもっと多面的で複雑なはずなのに、一度評価が決まると、そこで考えることをやめてしまいます。

山下　複雑さを嫌い、分かりやすく善悪を決めてくれることを望んでいるかのようです。

桜子　矛盾し合ったものが自分の中にあることが重要なのに、ですね。

先生　自分が様々な可能性を持って存在することと並んで、他者のことも様々な可能性のもとで理解することが重要です。だから、僕にとって君とは誰かを考え続けるのです。

桜子　グジャグジャになるくらい長い間、ですね。大変なことですが、とても大事なこと。

先生　はい。自分も他者も事物も、無限の可能性を持ってこの世界に存在している。その可能性を閉ざさずに生きることで、存在することの意味が現れてくるのです。

𝄞　存在と時間と空間

先生　本当の自分とは何か、生まれた意味とは何か。最後にまとめましょう。時に人は、今ここにいる自分が本当の自分なのか、生まれた意味はあるのかと悩んでしまいます。その時には、自分の存在を、時間と空間の中で位置づけ直すことが大事なのだと思います。

山下　自分を位置づけ直すとはどういうことですか？

先生　まずは時間です。生と死によって限られる自分の命を、それを越える過去と未来へとつなげるのです。悠久の時間の中で人々がつないでいる様々な夢に思いをはせ、わが身を投じる夢を見つけ出すことで、今を生きる自分を過去と未来に位置づけ直すのです。

山下 世代を越えて形になる夢に、自らの使命や生まれた意味を見出す。「進化論」ですね。

先生 はい、そうです。続いて空間です。空間の原点に本当の自分を探そうとするのではなく、あえて、まなざしを他者に向けるのです。つまり、様々な点に存在する他者のひとりひとりが、自分にとっていかなる存在であるのかを考えてみるのです。

山下 それが自分を位置づけ直すことになるというのは、なぜでしょうか?

先生 あたかも他者の位置こそが原点になるくらい深く考えるからです。これが他者との間で相互になされることにより、他者によって位置づけられる本当の自分が現れてきます。

山下 これは、「GIFT」ですね。僕と君の間で、本当の自分を贈り合い受け取り合う関係です。遠回りのようですが、今ここにいる自分を追い求めるのではなく、過去と未来、そして他者のことを考えることで、本当の自分、生まれた意味が見えてくるのですね。

先生 その通りです。いくつもの原点からの無数の光に照らされることにより、無限の可能性を持った私たちが輝き出します。この光こそが、私たちがこの世界に存在することに意味をもたらすのです。

桜子 ひょっとして、この光が「HANABI」なんじゃないですか? 君が僕に放つ「HANABI」のような光です。

先生 そう思います。その光はひとつの形に固定化する安定的な常夜灯のような光ではなく、生成と消滅を繰り返し変化する「HANABI」のような一瞬の光なのです。

山下 なるほど。だからこそ、何度でも手を伸ばし、胸の奥に留め、ひかり続けるようにするのですね。

𝄞 全曲つなぎ

先生 以上で、「ミスチルで哲学しよう」はすべて終了です。最後に、今まで扱ってきた全曲をつないで、まとめをしましょう。

桜子 メドレー、楽しそう。私は勝手に合の手を入れるので、どんどんまとめてください。

山下 「HANABI」では、世界の値打ちが分からなくなり、すべてが無意味に思えていました。

先生 ところが、君にめぐり逢えたことで、世界が想像もしないほど美しく見えてきます。世界の意味が現れた瞬間です。

桜子 この君は、本当の自分を贈り合い、受け取り合う君のことだ！

山下 「CENTER OF UNIVERSE」では、世界の中心にいる僕が、薔薇色の素晴らしい世界を実感していました。

先生 総ては僕の捕らえ方次第だという考え方で世界と関わるのです。

桜子 木の枝が、山下さんの捕らえ方ではバットであり、私の捕らえ方ではセンターマイクであったように。木の枝の価値は、人それぞれなんですね。

山下　そのように生きることの難しさが「掌」で歌われていました。君は君で僕は僕であるということを、私たちは簡単に忘れてしまうのです。

先生　体はみんな異なるのに、心はみんなと同じ、ひとつであろうと望んでしまうのです。

桜子　夢見てるから儚くて、という歌詞が胸にしみます。命が儚いから夢を見る。夢を見ることで儚さを思い知る。それでも夢を見る。そんな袋小路の中で懸命に生きるのです。

山下　では、どうすれば僕は僕でいられるのか。「タイムマシーンに乗って」では、自分が死にゆく瞬間に行き、気分を尋ねるよう求めていました。

先生　他ならぬ自分の肉体がこの世界から消滅する時のことを思えば、誰かの猿真似をして平均的に生きようとは思わなくなります。

桜子　この世に生まれた気分を尋ねていることにも注目です。始まりと終わりに立ち会うことで、自分の命が有限であることを実感します。

山下　「花―― Mémento-Mori ――」のメメント・モリは、死を忘れるなという意味でした。死を想うことによって、他の人とは異なる等身大の自分を愛せるようになります。

先生　自分の命の有限性を自覚して生きることが、逆説的にも永遠なる花を咲かせます。

桜子　最大限に描いた夢を無謀だと笑われたっていいんです。今は叶えられなくても、後の世代で実現すればいいんですから。

山下　「いつでも微笑みを」では、この世から巣立って逝っても、君の中で僕は生き続けると歌われています。これが有限の命が永遠なる花を咲かせるということの意味です。

先生　単に僕の思い出が君の記憶に残るということではありません。僕が命を懸けて成し遂げようとしたものが、君へと引き継がれていくということです。

桜子　それが夢なんですよね。この曲では夢という言葉は一度も使われていないけど、前後の曲で、まさに夢が歌われています。

山下　「進化論」では、自らの限りある命を懸けて、この世界で成し遂げようとする強い望みを夢と呼び、それを世代を越えて実現していくことが人間の使命であると考えます。

先生　夢を持って世界と向き合う時に、自分の捕らえ方で世界と関わることになります。夢を持つことで僕と世界がつながる。君と世界もつながる。このつながりが複雑な網の目となって、世界が織り上げられていきます。

桜子　その時、世界のあらゆるものが意味を持って、私の前に現れてくるのですね。

山下　「GIFT」では、本当の自分は、君の前に現れ、君に受け取られる自分でした。様々な君たちに受け取られる様々な自分の集合体が、本当の自分であり、その可能性の中で生きることが、生まれたことの意味でした。

先生　本当の自分は、他者と無関係に存在するのではありません。他者との関係の中で、他者に受け取られるところに本当の自分が存在するのです。では、桜子さん、最後のまとめをお願いします。

桜子 自分の命に限りがあることを自覚することで、他者とは異なる自分を生きる決意をします。実現したい夢を持って生きることで、物が、人が、自分にとって特別に大きな意味を持って現れてきます。他の人々もまた夢を持って生きることで、自分もまた他の人々にとって特別に大きな意味を持って現れます。そうやってつながる世界の中に、私の、あなたの、すべてのものの存在の意味が現れてきます。あぁ、世界は素晴らしい。

先生 見事なまとめです。私から言い足すことは何もありません。最後は私から曲紹介を。君からの最高の贈り物に感謝しながら聴いてください。「GIFT」。

＊　＊　＊

𝄞 真理を探して

桜子 放送、お疲れさまでした。「ミスチルで哲学しよう」、無事に完結ですね。

先生 とりあえず、一区切りです。扱えたのは壮大な哲学のほんの一部です。ミスチルの別の楽曲で、別の哲学を考えることもできるんですよ。

桜子 続編もありますか？　楽しみです。

先生　機会があれば、ぜひ。第二弾は、「フェイク」から始まります。

桜子　イントロがかっこいい曲だ！　ところで私、気づいちゃいました。万物は流転するんです。これで、ミスチルのバンド名の秘密が分かります。

先生　Mr.Childrenの秘密ですか。ぜひ、教えてください。

桜子　Mr.という敬称は、大人の男性につけますよね。Childrenは子供たちです。つまり……。

山下　あ、そこにいた！　さぁ、飲みに行きましょう。ラジオの後の酒は世界一です。

桜子　賛成！　じゃあ、マリちゃんを探してきますね。

あとがき

二〇〇九年、秋、京都で開かれたドイツ文学の学会の最終セッションで、報告者がヘルダーリンの詩を朗読した。二日間の充実した討論で得られた多くの知見とは異なる何ものかが、突如として浮かび上がってきた。すぐに書き留めようとペンを持つのだが、ついに言語化することはできなかった。詩歌の持つ圧倒的な力を感じざるをえなかった。

本書で書いてきたものに自信を持っているが、やはり表現できなかったものはある。だから、ぜひ実際にMr.Childrenの楽曲に触れてほしいと思う。耳で聴いて、目で見て、肌で感じて、全身でその音楽を受け取ってもらいたい。きっとその体験の中に、大事なものが現れてくると思う。

本書は多くのもののおかげで、今ここにある。この世界が存在すること、人類が知的営みを続けてきたことにまず感謝したい。大げさかもしれないが、本書の趣旨に即せば、これらが有り難いものであることを感じずにはいられない。

そして、本書の主題として根幹をなすMr.Childrenに感謝したい。本書は、その特異さゆえに、構想、執筆、出版のどの過程においても困難があった。そんな時いつも背中を押してくれたのは彼らの楽曲であった。信じていれば夢は叶う、と簡単には歌わないからこそ、ひとつひとつのフレーズが心に響いてくる。Mr.Childrenの桜井和寿さん、鈴木英哉さん、田原健一さん、中川敬輔さんにお礼を申し上げる。なお、本書においては敬意を込めて「ミスチル」の愛称を用いている。

また、「ミスチルと哲学」という発想を体系化させてくれた大学に感謝したい。「蘇生」という楽曲の中にロマン主義を感じたことに端を発する「ミスチルと哲学」は、大学で担当する思想・哲学の講義の中で大きく発展した。哲学の解説の後にミスチルの楽曲を参照する風変わりな講義を熱心に聴いてくれる学生のおかげである。また、本書におけるトピックのいくつかは、学生との対話の中から生まれたものである。学生をはじめ、大学を成り立たせている先生方、事務の方々にお礼を申し上げる。

次に、「ミスチルと哲学」を対話という形に作り上げてくれたラジオ番組に感謝したい。もともと「ミスチルで哲学しよう」は、二〇一六年から二〇一七年にかけて、NHK長野放送局のラジオ番組「ゆる〜り信州」の中で九回にわたって放送された。リスナーの顔を思い浮かべ、分かりやすく、楽しく伝えることの大切さを学ばせてもらった。山下アナ、桜子さん、マリちゃんのモデルである山田康弘さん、萩原早紀子さん、小林由香さんをはじめ、番組制作スタッフ、番組を聴いて一緒に哲学してくれたリスナーのみなさんにお礼を申し上げる。なお、登場人物とモデルは完全に別人格であり、本書における全発言の責任は筆者にある。

最後に、『読むラジオ講座ミスチルで哲学しよう』を世に出してくれた萌書房の白石徳浩さんに感謝したい。唐突な申し出にすぐ返事を下さり、以後まったくぶれることなく出版へと導いていただいたことにお礼を申し上げる。

これまで、「ミスチルが好き」ということをきっかけに、いろいろな人に出会ってきた。これからもそれはそうなのだと思う。この本を、それらすべての人々に捧げる。

二〇二一年三月八日

小林 正嗣

■著者略歴

小林正嗣（こばやし　まさつぐ）

1975年　長野県生まれ
1997年　名古屋大学法学部政治学科卒業
2006年　名古屋大学大学院法学研究科博士後期課程満期退学
2006年　名古屋大学大学院法学研究科博士（法学）取得
現　在　大学講師（愛知大学・愛知県立大学・中京大学ほか）

著　書

『マルティン・ハイデガーの哲学と政治――民族における存在の現れ――』
（単著：風行社，2011年）
『岩波講座　政治哲学　国家と社会　四巻』（共著：岩波書店，2014年）

読むラジオ講座 ミスチルで哲学しよう

2021年4月10日　初版第1刷発行
2023年5月10日　初版第2刷発行

著　者　小林正嗣
発行者　白石徳浩
発行所　有限会社 萌書房《きざす》
〒630-1242　奈良市大柳生町3619-1
TEL（0742）93-2234 / FAX 93-2235
［URL］http://www3.kcn.ne.jp/~kizasu-s
振替　00940-7-53629

印刷・製本　共同印刷工業㈱・新生製本㈱

© Masatsugu KOBAYASHI, 2021　Printed in Japan

ISBN978-4-86065-145-9